DNA e Estado de Filiação
à luz da Dignidade Humana

A447d Almeida, Maria Christina de
         DNA e estado de filiação à luz da dignidade humana / Maria Christina de Almeida. — Porto Alegre: Livraria do Advogado, 2003.
         200 p.; 14 x 21 cm.
         ISBN 85-7348-272-9

         1. Filiação. 2. Exame de DNA. 3. Pessoa física. 4. Identidade pessoal. I. Título.

                                                    CDU – 347.63

         Índices para o catálogo sistemático:
         Filiação
         Exame de DNA
         Pessoa física
         Identidade pessoal

(Bibliotecária responsável: Marta Roberto, CRB-10/652)

MARIA CHRISTINA DE ALMEIDA

DNA e Estado de Filiação à luz da Dignidade Humana

livraria
DO ADVOGADO
editora

Porto Alegre 2003

© Maria Christina de Almeida, 2003

Capa, projeto gráfico e diagramação
Livraria do Advogado Editora

Revisão
Rosane Marques Borba

Direitos desta edição reservados por
Livraria do Advogado Ltda.
Rua Riachuelo, 1338
90010-273 Porto Alegre RS
Fone/fax: 0800-51-7522
livraria@doadvogado.com.br
www.doadvogado.com.br

Impresso no Brasil / Printed in Brazil

A meus progenitores, Rogério e Ligia de Almeida. A união de suas vidas proporcionou minha existência e possibilitou a construção de minha identidade pessoal.

A Leonardo Arquimimo de Carvalho, sempre presente em minha vida.

Tarefa difícil esta de identificar, singularmente, as pessoas que integram a realização deste trabalho. Não estou a fugir dela. Contudo, penso não ser preciso nominá-las, porque acredito ser certo que tais pessoas sabem, onde e de que forma, estão inseridas na construção e na realização deste estudo. A elas, registro meu agradecimento.

"Cada criatura humana traz duas almas consigo: uma que olha de dentro para fora, outra que olha de fora para dentro; as duas completam o homem, que é, metafisicamente falando, uma laranja. Quem perde uma das metades, perde naturalmente metade da existência; e casos há, não raros, em que a perda da alma exterior implica a da existência inteira".

Machado de Assis

Do conto O espelho, história narrada pelo personagem Jacobina, para justificar sua tese sobre a alma humana.

Lista de abreviaturas

BGB   Bürgerliches Gesetzbuch (Código Civil Alemão)
BVerfG Bundesverfassungsgericht – Entscheidungen des
        Bundesverfassungsgerichts (Corte constitucional federal –
        decisões da Corte constitucional federal)
GG   Grundgesetz für die Bundesrepublik Deutschland (Constituição da
        República Federal da Alemanha)
KindRG Kindschaftsrechtsreformgesetz (Lei de Reforma do Direito de Filiação
NJW   Neue Juristische Wochenschrift (Periódico jurídico semanal)
ZPO   Zivilprozeßordnung (Ordenamento de Direito Processual Civil)

Prefácio

Inúmeras são as questões suscitadas pelas novas descobertas no campo da tecnologia genética. A Biologia conseguiu transpor praticamente todos os obstáculos para a identificação da ascendência humana. Mas do ponto de vista jurídico não é nada simples a tarefa de conciliar a revelação biológica da realidade com os demais aspectos que compõem o teatro da vida. Afinal, mesmo os mais sofisticados laboratórios não são capazes de desconstruir, com suas conclusões científicas, a intrincada rede de interesses informados pela filosofia, psicologia, sociologia, antropologia e economia que a norma jurídica é chamada a harmonizar e regular.

O quadro se agrava pelo desaparelhamento do sistema legislativo para fazer frente aos problemas introduzidos na realidade social. Configura-se um cenário conflituoso, no âmbito do qual surge, em boa hora, esta obra da Professora Maria Christina de Almeida.

O trabalho identifica um direito à identidade genética, que é informado pelo princípio constitucional da dignidade da pessoa humana. Constrói, nesta perspectiva, um direito à biparentalidade biológica, ou à filiação integral, concebido como direito fundamental à luz da Constituição da República. As garantias processuais necessárias a dar efetividade à busca do vínculo parental paterno tornam-se, então, mecanismo de concreção dos valores constitucionais, servindo a dignidade humana de parâmetro para a análise crítica da jurisprudência, minuciosamente analisada, e para a definição de critérios interpretativos nas hipóteses de conflitos relativos à identidade pessoal. Sustenta-se, nesta linha metodológica, a necessidade "de rediscussão das sentenças de improcedência por falta de provas, transitadas em julgado, proferidas nas ações de investigação de paternidade, mitigando-se a força da coisa julgada material que as acompanha". E isto deve ocorrer concretamente, segundo propõe a autora, pela "recepção no direito processual brasileiro de solução análoga às contidas no artigo 16 da Lei de Ação Civil Pública e artigo 18 da Lei de Ação Popular".

Eis, em linhas gerais, o núcleo central desta belíssima tese, com a qual a autora conquistou o prestigioso título de Doutora em Direito das Relações Sociais da Universidade Federal do Paraná, submetida a Banca Examinadora, composta pelos ilustres Professores Carmen Lucia Silveira Ramos, sua competente orientadora, Luiz Edson Fachin, Eroulths Cortiano Junior, Heloisa Helena Barbosa e por mim próprio, que atestou a seriedade da pesquisa e dos resultados alcançados. Com esta obra, confirma-se a autora como uma importante estudiosa do direito de família contemporâneo, na esteira de seu livro publicado em 2001 por esta mesma editora, *Investigação de Paternidade e DNA: aspectos polêmicos*. Maria Christina é professora do Curso de Direito da UNIBRASIL e Membro Fundador do Instituto de Direito de Família, IBDFAM, no qual exerce com dinamismo a presidência da Seccional Paraná. Consegue conciliar uma consistente produção científica, que inclui dois livros em curto espaço de tempo e inúmeras contribuições em periódicos especializados e obras coletivas, com destacada militância na advocacia de família, sendo advogada associada do conceituado escritório de advocacia G. A. Hauer & Advogados Associados, em Curitiba.

A tais atributos associa-se para o prefaciador especial motivo de emoção e alegria, por ter podido acompanhar de perto a trajetória vencedora da autora, através de intenso e para mim profícuo diálogo, vivenciando parte de suas dúvidas, perplexidades, incertezas, questionamentos, momentos de ânimo e de angústia que antecedem e formam o substrato das conclusões científicas aqui traduzidas. Ao leitor, pois, o prazer da leitura, com uma última observação preliminar: a desafiadora e fascinante dualidade entre a advocacia e a academia confere à Professora Maria Christina de Almeida posição privilegiada como observadora das relações e estruturas familiares e torna esta obra um utilíssimo instrumento de consulta para estudantes e estudiosos dedicados aos tormentosos problemas do direito de família contemporâneo.

Petrópolis, janeiro de 2003.

Gustavo Tepedino
Professor Titular de Direito Civil
da Faculdade de Direito da UERJ

Sumário

Introdução 17

1. Ontologia do ser humano 23
   1.1. Estrutura genética e novo ser 23
   1.2. Ambiência esculpindo o homem 30
   1.3. *Status personae* e ser humano 35

2. Pessoa na ordem jurídica brasileira 43
   2.1. Status de sujeito de direito: da abstração à concretude . 43
   2.2. Direitos fundamentais da pessoa 55
   2.3. Repersonalização: um outro olhar à pessoa 61

3. Identidade pessoal e sistema jurídico: tempo e espaço na proteção da pessoa 71
   3.1. Identidade pessoal como valor contemporâneo 71
   3.2. Busca da origem genética: direito da pessoa fortalecido pela pesquisa em DNA 79
   3.3. Direito à identidade pessoal como princípio constitucional 92
   3.4. Revelação da historicidade pessoal e direito 105

4. Direito à identidade pessoal: uma releitura do sistema jurídico brasileiro 117
   4.1. Descender, com dignidade: novo tempo e novo espaço 117
   4.2. Colisão de direitos fundamentais na busca da origem genética: o direito de ser filho 130
   4.3. Caso julgado sem amparo na prova científica em DNA: uma hipótese de mitigação da coisa julgada 160
   4.4. Ambivalência de verdades no estado de filiação: os elos biológico e socioafetivo como valores jurídicos 177

Conclusão 187

Bibliografia 193

Introdução

O estudo ora desenvolvido centra-se numa imagem – a da pessoa que nasce sem conhecer sua origem biológica paterna.[1] O fato do nascimento e a herança genética manifestam-se em situações que escapam à normalidade do modelo paradigmático da família convencional.

É normal – no sentido de significar uma padronização das situações que se repetem todos os dias – que o nascimento de um novo ser decorra da biparentalidade genética e, por ela, ascende-se ao *status* de filho – de um pai e de uma mãe.

Contudo, há quem venha ao mundo sem que lhe seja revelada a ascendência genética paterna. Nesse caso, desvelar o fantasma da origem torna-se um desejo da pessoa, movida por fatores de ordens diversas.

Do *desejo* de conhecer o pai decorre o *direito* de ser reconhecido filho.

A relevância do tema parte de uma premissa: a de que todo ser humano é, *antes de tudo*, um dado ontológico que agrega dois fenômenos: o biológico e o ambiental.

---

[1] A atenção deste estudo importa em um recorte epistemológico que diz respeito a outros direitos correlatos ao que se analisa, mas que fogem à perspectiva desta tese, a exemplo do (i) direito à revelação da origem biológica materna, (ii) do direito à descendência genética, (iii) do direito à revelação da progenitura sem atribuição de efeitos jurídicos, ou, ainda, (iv) do direito à impugnação da paternidade atribuída em certidão de nascimento. Este recorte alcança, ainda, a procriação humana artificial, pois se está a tratar aqui de seres humanos nascidos de reprodução natural.

Não obstante tal constatação, o homem não se reduz a esta estrutura. Ele é, *acima de tudo*, um dado axiológico, o que permite nele reconhecer uma expressão de valores de conteúdos distintos.

Sob o olhar jurídico, o ser humano é visto como pessoa e, nessa condição, merecedora de proteção especial como categoria central do ordenamento jurídico, cujo vetor dessa tutela é a dignidade humana – fundamento do Estado Democrático de Direito e verdadeira cláusula geral de proteção à pessoa.

Corolário do reconhecimento de que a pessoa é dado ontológico *plus* axiológico, é o caráter interdisciplinar tomado como leme no desenvolvimento desta tese.

Se de um lado, o século XX foi o berço da descoberta da estrutura genética do ser humano e sua respectiva diversidade, fruto do avanço inconteste da Engenharia Genética,[2] de outro, o século passado hospedou um sistema jurídico atento, sempre mais, à proteção integral da pessoa que nasce desconhecendo sua progenitura paterna.

A conjugação desses dois avanços e seu entrelaçamento voltado para o incremento da descoberta da ascendência genética, revela o caráter humanista e solidário que permeia o ordenamento jurídico contemporâneo.

Nesse rumo, e sob as luzes da contemporaneidade, à pessoa deve ser garantida a revelação de sua progenitura paterna, haja vista ser hoje o tempo em que a Biotecnologia é capaz de fornecer métodos científicos seguros para a averiguação do elo biológico que une filhos e pais.

Nessa perspectiva, e atenta à atual interpretação das normas jurídicas relativas ao tema em questão, deparei-me com um sistema jurídico ainda obstruidor ao efetivo alcance do direito a que se está a tratar, tão fundamental à formação integral da pessoa, por compreender tanto a sua subjetividade quanto suas nuanças exteriores.

---

[2] O estudo da Engenharia Genética tem sua origem nas ciências biológicas, entendida essa expressão *lato sensu*.

Em vista disso, a proposta do presente estudo é dar um *novo sentido* para o direito ao conhecimento da ascendência genética paterna, denominando o *direito à identidade pessoal*, sentido este que se fundamenta no Direito Civil-Constitucional e conjuga os espaços privado e público da ciência jurídica para, neste necessário diálogo, atender a uma necessidade humana fundamental, permitindo que a pessoa ascenda ao *status* de filho, mediante a construção da biparentalidade biológica.

Relendo o atual sistema jurídico brasileiro, sustenta-se a retirada de determinados entraves nele presentes, propondo-se uma nova atitude do Direito, voltado à *efetiva* promoção e concretização da tutela máxima da ordem jurídica: a dignidade humana.

A construção das idéias delineadas neste trabalho ancora-se em ensinamentos de expressivos autores nacionais e estrangeiros.

Destaco, inicialmente, Francisco Varela, Humberto Maturana e Lucien Sève, como aportes para o desenvolvimento da ontologia do ser humano.[3]

O significado do termo "pessoa", sua inserção na esfera da normatividade jurídica e os fundamentos de um Direito Civil-Constitucional, puderam ser apreendidos nas reflexões de Carmem Lucia Silveira Ramos, Eroulths Cortiano Junior, Francisco Amaral, Gustavo Tepedino, Judith Martins-Costa, Jussara Meirelles e Luiz Edson Fachin, aliadas aos ensinamentos de Pietro Barcellona e Pietro Perlingieri.[4]

---

[3] ROMESÍN, Humberto Maturana. *Da biologia à psicologia*. 3.ed. Porto Alegre: Artes Médicas, 1998. MATURANA, Humberto R.; VARELA, Francisco J. *A árvore do conhecimento*. Campinas: Editorial Psy, 1995. ——. *A árvore do conhecimento*: as bases biológicas da compreensão humana. São Paulo: Palas Athena, 2001. SÈVE, Lucien. *Para uma crítica da razão bioética*. Lisboa: Instituto Piaget, 1997.

[4] RAMOS, Carmem Lucia Silveira. A constitucionalização do direito privado e a sociedade sem fronteiras. In: FACHIN, Luiz Edson (Org.) *Repensando fundamentos do direito civil brasileiro contemporâneo*. Rio de Janeiro: Renovar, 1998. CORTIANO JR., Eroulhts. Alguns apontamentos sobre os chamados direitos da personalidade. In: FACHIN, Luiz Edson (Org.). *Repensando fundamentos do direito civil brasileiro contemporâneo*. Rio de Janeiro: Renovar, 1998. AMARAL, Francisco. Racionalidade e sistema no direito civil brasileiro.

Inserida na contemporaneidade, o sentido da identidade pessoal e seus desdobramentos foram apreendidos nos ensinamentos dos autores portugueses João Carlos Gonçalves Loureiro, Paulo Mota Pinto e Paulo Otero.[5] As diversas faces da filiação, abordadas sob a perspectiva do caráter tríplice da paternidade – jurídica, biológica e socioafetiva – é a lição retirada do pensamento de Guilherme de Oliveira e Luiz Edson Fachin.[6]

O trabalho valoriza a revelação da verdade genética paterna, por sua significação como dado fundante na formação da pessoa.

O Direito não é capaz de, isoladamente, apontar uma solução adequada para o tema, necessitando, a respeito, dialogar com outras áreas do conhecimento. Assim, numa visão interdisciplinar, a ascendência biológica encontra respaldo nos estudos de Salmo Raskin e

---

Revista de direito civil, mobiliário, agrário e empresarial, São Paulo, v. 17, n. 63, p. 45 a 56, jan./mar. 1993. ———. Transformação dos sistemas positivos. A descodificação do direito civil brasileiro. Separata de: *O Direito*, v. 129, 1997. TEPEDINO, Gustavo. *Temas de Direito Civil*. Rio de Janeiro: Renovar, 1999. MARTINS-COSTA, Judith. *A boa-fé no direito privado*. São Paulo: Revista dos Tribunais, 1999. MEIRELLES, Jussara. O ser e o ter na codificação civil brasileira: do sujeito virtual à clausura patrimonial. In: FACHIN, Luiz Edson. (Org.) *Repensando fundamentos do direito civil brasileiro contemporâneo*. Rio de Janeiro: Renovar, 1998. FACHIN, Luiz Edson. *Teoria crítica do direito civil*. Rio de Janeiro: Renovar, 2000. ———. *Estatuto jurídico do patrimônio mínimo*. Rio de Janeiro: Renovar, 2001. BARCELLONA, Pietro. *Formazione e sviluppo del diritto privato moderno*. Napoli: Jovene, 1993. ———. *Diritto privato e società moderna*. Napoli: Jovene, 1996. PERLINGIERI, Pietro. *La personalità umana nell'ordinamento giuridico*. Napoli: Esi, 1972. ———. *Perfis do direito civil: introdução ao direito civil-constitucional*. Tradução de Maria Cristina De Cicco. Rio de Janeiro: Renovar, 1999.

[5] LOUREIRO, João Carlos Gonçalves. O direito à identidade genética do ser humano. *Boletim da Faculdade de Direito da Universidade de Coimbra*, Coimbra, n. 40, 1999, p. 263-389. PINTO, Paulo Mota. O direito ao livre desenvolvimento da personalidade. *Boletim da Faculdade de Direito da Universidade de Coimbra*, Coimbra: Coimbra, n. 40, 1999, p. 149-246. OTERO, Paulo. *Personalidade e identidade pessoal e genética do ser humano: um perfil constitucional da bioética*. Coimbra: Almedina, 1999.

[6] OLIVEIRA, Guilherme. *Critério jurídico da paternidade*. Coimbra, 1983. Tese (Doutorado), Faculdade de Direito de Coimbra. FACHIN, Luiz Edson. *Estabelecimento da filiação e paternidade presumida*. Porto Alegre: Sergio Fabris, 1992. ———. *Da paternidade: relação biológica e afetiva*. Belo Horizonte: Del Rey, 1996. ———. *Curso de direito civil: elementos críticos do direito de família*. Rio de Janeiro: Renovar, 1999.

Sérgio Danilo Pena, médicos geneticistas pesquisadores da estrutura do DNA e sua repercussão na seara da investigação de paternidade.[7]

Em Ingo Wolfgang Sarlet e Joaquim José Gomes Canotilho encontrei reflexões que me foram decisivas na construção das idéias em torno do que denomino *direito à identidade pessoal* – como fundamental à pessoa e inserido no conteúdo jurídico do princípio da dignidade humana.[8]

Além dos aportes teóricos, foi fundamental à realização, compreensão e desenvolvimento desse estudo a análise da jurisprudência brasileira, notavelmente a emanada do Supremo Tribunal Federal e do Superior Tribunal de Justiça.

A expressão jurisprudencial desta tese é também, ancorada em decisões proferidas pelo Tribunal Constitucional Alemão – BVerfG – do qual emanou a força propulsora da criação do tema do conhecimento da ascendência genética como direito fundamental, numa efetiva aplicação da perspectiva constitucional do direito privado, servindo à proteção integral da pessoa.

Os julgados colacionados nesta tese revelam a notável preocupação do Poder Judiciário – brasileiro e germânico – para com o tema da filiação, num reconhecimento de que o Direito não pode ser visto insularmente. A construção do Direito, ao recepcionar avanços e con-

---

[7] RASKIN, Salmo. *Manual prático do DNA para investigação de paternidade*. Curitiba: Juruá, 1999. PENA, Sérgio Danilo. Determinação de paternidade pelo estudo direto do DNA: estado da arte no Brasil. In: TEIXEIRA, Sálvio de Figueiredo. (Org.) *Direitos de família e do menor*. Belo Horizonte: Del Rey, 1993, p. 243-259. ——. Engenharia genética-DNA: a testemunha mais confiável em determinação de paternidade. In: Repensando o direito de família. In: CONGRESSO BRASILEIRO DE DIREITO DE FAMÍLIA, 1, 1999, Belo Horizonte. *Anais do...*, Belo Horizonte: Del Rey, 1999, p. 343-352.

[8] SARLET, Ingo Wolfgang. Direitos fundamentais e direito privado: algumas considerações em torno da vinculação dos particulares aos direitos fundamentais. In: ——.(Org.) *A Constituição concretizada*: construindo pontes com o público e o privado. Porto Alegre: Livraria do Advogado, 2000, p. 107-163.
——. *Dignidade da pessoa humana e direitos fundamentais na Constituição Federal de 1988*. Porto Alegre: Livraria do Advogado, 2001. CANOTILHO, José Joaquim Gomes. *Direito constitucional e teoria da Constituição*. 4ed. Coimbra: Almedina, 1989.

quistas, contribui à eficácia e ao aprimoramento do sistema jurídico, tornando-o mais efetivo na proteção do direito ao estado de filiação.

Tal efetividade tem suas raízes na consagração do direito à vida, à dignidade, à igualdade substancial e à liberdade, recepcionados como direitos fundamentais de cidadania na Carta Constitucional.

Sob tal perspectiva é que a revelação da identidade pessoal merece tratamento sensível, humano e efetivo, haja vista que retrata o *status* de filiação de cada um.

A compreensão e o desenvolvimento da individualidade da pessoa estão intimamente ligados ao conhecimento dos fatores que constituem tal individualidade, e um desses fatores é a ascendência genética paterna.

1. Ontologia do ser humano

1.1. Estrutura genética e novo ser

O tema da herança genética é recorrente nos contextos familiares,[9] simbolizando a concepção de um novo ser uma expectativa em torno dos caracteres genéticos que irá apresentar.

O ato da procriação identifica uma forma de transmitir e eternizar as características físicas e psíquicas de uma determinada genealogia, nascendo da concepção o liame genético que une pais e filhos, a que os romanos chamaram de *cognatio*, concebendo a voz do sangue e reconhecendo o parentesco pelo nascimento como valor jurídico, deixando para trás a *agnatio*, espécie de parentesco que precedeu o *cognatio*, segundo o qual o parentesco se dava pelo culto doméstico, em vez de pelo ato material do nascimento.[10]

Ampliando a questão para além das fronteiras da família, haja vista que filhos são engendrados, também, fora do seio das relações familiares, e focando a atenção no *ato da procriação* em si, para a Biologia, o vínculo genético entre os seres humanos é fato, e p(r)onto.

---

[9] A família de que se fala é a família brasileira, da sua evolução patriarcal para a contemporânea, modelada segundo os valores judaico-cristãos, na qual os laços afetivos e genéticos se confundem, embora, eventualmente, o vínculo biológico seja substituído pelo vínculo do afeto.

[10] COULANGES, Fustel de. *A cidade antiga*. Tradução de Fernando de Aguiar. São Paulo: Martins Fontes, 2000. p. 56.

A raiz do fundamento biológico de um novo ser expressa-se no encontro necessário e vitorioso das células masculinas e femininas, sem o que, não se romperá a teia que envolve o(s) mistério(s) da vida. O espermatozóide e o óvulo são células incompletas, uma vez que portam metade do número total de genes que um ser humano tem. Quando o óvulo é fertilizado pelo espermatozóide, os genes de cada um deles se juntam em pares, e a totalidade das informações é novamente recuperada. Assim, uma vez fertilizado, o óvulo, que recebe o nome de embrião, é uma célula completa e, portanto, um modelo para qualquer célula do corpo, representando para o ser humano, a partir da fecundação, uma herança para toda a sua vida.[11]

O recém-nascido – como ser de carne e osso – assume a condição de *indivíduo* porque é um exemplar, ao mesmo tempo, genérico e singular: visto *individualmente*, ele é genérico, porque possui as características comuns a todos os seres humanos e, singular, porque se diferencia desses outros ao infinito por um conjunto único de particularidades genéticas, somáticas, temperamentais.[12]

Essa estruturação genética representa um axioma existente entre os biólogos: a fusão de características dos pais, manifestando-se nas características de sua prole. Emerge dessa premissa a noção da hereditariedade, que é a conservação transgeracional de qualquer aspecto estrutural de uma linhagem de unidades historicamente ligadas.[13]

Em razão dessa transferência de caracteres genéticos na formação de um novo ser humano, o conceito de indivíduo exprime o primeiro sentido da identidade

---

[11] BRONOWSKI, J. *A escalada do homem*. Tradução de Núbio Negrão. São Paulo: Martins Fontes, 1979. p. 395.
[12] SÈVE, Lucien. *Para uma crítica da razão bioética*. Lisboa: Instituto Piaget, 1997. p. 56.
[13] MATURANA, Humberto R.; VARELA, Francisco G. *A árvore do conhecimento*. Tradução de Jonas Pereira dos Santos. Campinas: Editorial Psy II, 1995. p. 106.

pessoal: um novo ser humano é identificado, fundamentalmente, a partir da identificação de seus ascendentes.

A decodificação da mensagem de transmissão da hereditariedade de uma geração para outra foi revolucionada em meados do século XX. No outono de 1951, em Cambridge, Inglaterra, James Watson e Francis Crick decidiram associar-se no trabalho de decifrar a estrutura do ácido desoxirribonucléico,[14] abreviadamente ADN, em português, ou DNA, em inglês, já que em anos precedentes tinha sido demonstrado que o ADN, isto é, o ácido encontrado na parte central das células, carregava as mensagens químicas da hereditariedade, de uma geração para a outra.[15]

O trabalho de Watson e Crick logrou êxito e, na seqüência, o gene, que contém DNA, tornou-se a unidade fundamental da hereditariedade.[16]

O século XX foi o "século do gene". Iniciou-se em 1906 com William Bateson, inventor do termo "genética", seguido por Watson e Crick, em 1953, que decifraram o "código genético" do DNA, ou seja, o segredo contido nos genes. Em 1985, Alec Jeffreys reconheceu, em suas experiências com sondas moleculares radioati-

---

[14] Cf. Lucien SÈVE, a estrutura química do ADN é composta de quatro pequenas moléculas específicas ou bases, que são a timina (T), a citosina (C), a guanina (G) e a adenina (A). Estas quatro bases químicas, repetidas milhares ou milhões de vezes, sem ordem aparente cada uma, formam a molécula de ADN presente, de modo mais ou menos idêntico, no núcleo de todas as células (SÈVE, op. cit., p. 114).
[15] BRONOWSKI (op. cit.., p. 390) Informa Bronowski (op. cit.., p. 393) que, em 2 de abril de 1953, James Watson e Francis Crick submeteram ao Nature o artigo no qual se encontra descrita essa estrutura do ADN, um trabalho do qual se haviam ocupado por apenas dezoito meses. As palavras de Jacques Monod, do Instituto Pasteur de Paris e do Instituto Salk na Califórnia: "o invariante biológico fundamental é o ADN. Essa é a razão pela qual a definição de gene dada por Mendel como sendo o portador invariável dos traços hereditários e a elucidação por Watson e Crick da base replicativa invariável de sua estrutura representam, sem a menor dúvida, as descobertas mais importantes da biologia".
[16] Concepção já deflagrada por Gregor Mendel no século XIX, em suas investigações solitárias sobre a reprodução de ervilhas, pois no seu gene estão contidas as características de um organismo que, do mesmo modo que o ser humano, a acompanharão por toda a sua vida, desde o momento de sua concepção.

vas, as variações do DNA e, por elas, afirmou ser possível determinar a individualidade genética do ser humano. Ao apagar das luzes, foi completada a seqüência do genoma humano.[17]

A precisão científica decorrente da descoberta do código genético passou a comandar a identidade biológica. É que o DNA está ligado à idéia de individualidade, no sentido de que os sinais e características variáveis de pessoa para pessoa (sexo, altura, cor, textura dos cabelos, cor dos olhos, cor da pele, voz, ouvidos, olfato, maneira de andar) são únicos em cada ser humano e determinados pelos seus genes, os quais estão contidos em seu genótipo, que é todo material genético presente nas células da pessoa, recebido no momento de sua concepção.[18]

Daí poder-se afirmar que as características da descendência são, de alguma forma, uma mistura das características dos pais e que o DNA contém o código informador na cadeia genética.

Nesse sentido, a formação de um ser humano envolve, *antes de tudo*, um fator de ordem biológica ou genética, pois o fenômeno da concepção traz em si um outro ser, a herança genética, concebida quando, em uma seqüência reprodutiva, algumas características ou aspectos dos antecessores aparecem no descendente, recebendo o novo ser, de seus progenitores, a sua estrutura inicial na forma do conjunto de componentes que o realizam, de fato, como sistema vivo, o que permite considerar a estrutura inicial deste novo ser como sua constituição genética fundamental.[19]

Conforme antes destacado, a composição genética funda o ser humano e esta é uma verdade biologicamen-

---
[17] KELLER, Evelyn Fox. *O século do gene*. Belo Horizonte: Crisálida, 2002. p. 15.
[18] RUMJANEK, Franklin David. *DNA: identidade e paternidade*. Rio de Janeiro: Espaço Jurídico, 1997. p. 13.
[19] ROMESIN, Humberto Maturana. *Da biologia à psicologia*. Porto Alegre: Artes Médicas, 1998. p. 52.

te atestada pelo ato da procriação e concretizada pelo fato de seu nascimento. Por tais razões é que se permite afirmar que o homem possui, como elemento fundante, uma identidade pessoal de caráter biológico, genético, individual, singular, que o torna único enquanto portador das características herdadas de seus antecessores e, ao mesmo tempo, o conecta biologicamente a eles, de forma inderrogável e eterna.

Essa transmissibilidade biológica de características é ilustrada através de "marcas genéticas" que distinguem a pessoa de todos os outros seres humanos, são derivadas de sua biografia ou genealogia e que estão traduzidas no código genético do DNA.[20]

Dessa verdade decorrem determinados elos que interligam o fenômeno da hereditariedade ou identidade genética ou ainda, a Biologia em si, a outras áreas do saber, tais como a Antropologia, a Psicologia, a Criminologia, a Medicina[21] e o próprio Direito, evidenciando o quanto um ser humano contém em si, antes de tudo, fatores genéticos em sua ontologia.

O antropólogo Claude Lévi-Strauss destaca a importância do vínculo biológico nas tribos indígenas australianas, e em sua análise delineia uma cena em que um estranho, ao aproximar-se de um acampamento que nunca visitou antes, não pode adentrar ao local onde estão outros indígenas, devendo manter-se a uma certa distância. Depois de um certo momento, um pequeno grupo do acampamento aborda o estranho, e a primeira tarefa é descobrir quem é ele. A pergunta que mais freqüentemente lhe é feita é: "quem é teu *maeli* (pai do pai)?" A discussão prossegue acerca de questões de genealogia, até que todos os interessados se declaram satisfeitos quanto à determinação precisa da relação do

---

[20] A única exceção a esta individualidade são os irmãos gêmeos monozigóticos, também chamados de univitelinos, que se originam de um mesmo zigoto que se divide, razão pela qual são geneticamente idênticos.
[21] Não é o propósito deste trabalho enveredar para outras áreas do saber, salvo na medida em que for necessário para ilustrar o tema em questão.

estranho com cada um dos indígenas presentes ao acampamento. Chegado a esse ponto, ele pode adentrar e será recebido pelo acampamento, sendo-lhe indicados cada homem e cada mulher ali presente, com a relação de parentesco correspondente entre ele próprio e cada um.[22]

A Psicologia, por sua vez, interliga herança genética e comportamento. Trata-se de uma crença presente tanto na visão empírica das pessoas quanto nos estudos científicos acerca da correlação entre o fenômeno da hereditariedade e os distúrbios da mente, tratados pela psicologia em suas mais variadas manifestações, a ponto de poder-se enfocar a questão denominando-a de "a herança genética da personalidade" ou "a base hereditária de certas características da personalidade".[23]

No campo da Medicina, a decodificação da cadeia genética é reputada como fundamental para a evolução do tratamento das denominadas doenças hereditariamente transmissíveis.[24]

Preteritamente, na área da Criminologia, no século XIX, as teorias bioantropológicas se afirmaram, sobretudo com os positivistas italianos. Cesare Lombroso, em seu livro L'uomo delinqüente, cuja primeira edição é de 1876, considerou o delito um fato natural, um fenômeno

---

[22] LÉVI-STRAUSS, Claude. As estruturas elementares do parentesco. Petrópolis: Vozes, 1982. p. 523.
[23] WELLS, Brian W.P. Personalidade e hereditariedade: uma introdução à psicogenética. Rio de Janeiro: Zahar, 1980. p. 110; 119.
[24] A propósito, o artigo publicado no jornal Folha de São Paulo, de 16 de abril de 2002, p. A 16, intitulado "Genoma vira arma contra males do cérebro. Cientistas da USP procuram raízes genéticas de doenças neurológicas, como esquizofrenia, epilepsia e Alzheimer". Consta da notícia que neste estudo, previsto para durar três anos, o grupo de pesquisadores da Faculdade de Medicina da USP, usando conhecimentos do genoma, está buscando as raízes genéticas das três moléstias enunciadas, que respondem por 50% das doenças neurológicas no Brasil, e já encontraram variações em dois genes que podem indicar propensão a esses males. O alvo dos pesquisadores, nessa análise do DNA humano, são os chamados polimorfismos de nucleotídeos únicos, conhecidos pela sigla em inglês SNP. Trata-se de variações mínimas nos genes, nas quais uma das quatro 'letras' químicas do DNA (C,T, A e G) é trocada num determinado trecho da cadeia. Essa troca pode mudar a proteína cuja produção o DNA codifica, causando efeitos que podem ser prejudiciais à célula.

necessário, como o nascimento, a morte, a concepção, determinado por causas biológicas de natureza, sobretudo, hereditária.[25] Lombroso defendia um rígido determinismo biológico, considerando a hereditariedade a causa fundamental da inferioridade que está na base do crime. O criminoso nato não passaria, na visão de Lombroso, de um indivíduo que reproduz na sua pessoa os instintos ferozes da humanidade primitiva e dos animais inferiores. Seria, então, um indivíduo cuja ontogênese não obedece aos ritmos de evolução da filogênese.[26] Se é fato que hoje é meramente histórico o interesse pela obra de Cesare Lombroso e por sua tese central, o atavismo, por sua conotação ancestral aos estudos genéticos, merece ser invocada.

Na ótica jurídica, o século XX direcionou a atenção do Direito para uma proteção cada vez mais efetiva e holística aos filhos que buscam conhecer suas origens biológicas.

A busca da verdade genética foi adotada como um princípio investigatório da informação. Isso significa que a identidade pessoal, expressa na visão interdisciplinar, compreende duas dimensões, visualizada tanto do ponto de vista biológico quanto jurídico.

A primeira refere-se a uma dimensão absoluta ou individual, na qual cada ser humano tem uma identidade definida por si próprio, expressão de caráter único, indivisível e irrepetível de cada um, o que o torna uma realidade singular, dotado de individualidade que o distingue de todos os demais.

A segunda, que é relativa ou relacional, revela que cada ser humano tem a sua identidade igualmente definida em função de uma memória familiar conferida

---

[25] BARATA, Alessandro. *Criminologia crítica e crítica do direito penal*: introdução à sociologia do direito penal. Tradução de Juarez Cirino dos Santos. Rio de Janeiro: Revan, 1997. p. 38-39.
[26] DIAS, Jorge de Figueiredo; ANDRADE, Manuel da Costa. *Criminologia*: o homem delinquente e a sociedade brasileira. Coimbra: Coimbra Ed., 1992. p. 171-172.

pelos seus antepassados, assumindo aqui especial destaque os respectivos progenitores, podendo falar-se num direito à historicidade pessoal.[27]

A descoberta da individualidade e a compreensão de si mesmo constituem, na verdade, um processo multímodo, no qual conhecimentos biologicamente assegurados são, apenas, uma parte.

Como característica da individualização por fatores biológicos, a ascendência constitui fundamentalmente o ser humano, e o conhecimento da sua origem lhe oferece importantes pontos de conexão para o entendimento e o desenvolvimento da sua própria individualidade.

O homem e suas origens podem ser visualizados a partir de perspectivas as mais diversas. Indubitavelmente, fatores genéticos constituem parte da ontologia de um ser humano, mas não a sua única face, haja vista que ele realiza, de fato, uma história de interações com o meio em que vive.

1.2. Ambiência esculpindo o homem

O ser humano, como entidade biopsíquica, é complementado pelos fatores advindos do ambiente familiar, social e cultural em que está inserido.

Há divergência acerca do grau de participação de fatores genéticos e ambientais na determinação das características de um ser humano.

Esse tem sido um referencial temático abordado por autores da Psicologia, proliferando posições contrárias a seu predomínio: de um lado, os partidários da herança genética são geralmente conservadores e têm a tendência a adotar uma atitude pessimista em relação à possibilidade de aprimoramento dos indivíduos, mediante a mudança das condições sociais; de outro, os partidários do ambiente sociofamiliar, numa postura

---

[27] OTERO, Paulo. *Personalidade e identidade pessoal e genética do ser humano*: um perfil constitucional da bioética.Coimbra: Almedina, 1999. p. 63-64.

mais otimista e aberta, são favoráveis à tese de que, sob circunstâncias vantajosas, todo o indivíduo pode melhorar até quase o infinito.[28]

Sem fazer dessa discussão de predomínio o objeto deste estudo, cumpre destacar a interação do homem com o meio em que vive.

No seu contínuo relacionamento com outros seres humanos, o homem vive uma permanente troca de experiências. Trata-se de um processo dinâmico, que tem como conseqüência revelar a influência do meio sobre o ser humano, desencadeando mudanças estruturais que acontecem ao longo de sua vida, em uma história de sobrevida que necessariamente se realiza na congruência do ser e o meio, até que este ser morre, porque tal congruência se perde.[29]

Aliada a Biologia ao fenômeno social, se são recorrentes as interferências entre os seres humanos, o resultado é a existência de um fenômeno social que se estabelece espontaneamente em diversas circunstâncias, que podem ser descritas como o prazer da companhia, a afetividade, a solidariedade, o amor, a amizade, o conhecimento e o crescimento pela troca de experiências.

Quer-se dizer com isso que a ontologia humana é, também, social.

Uma criança, quando nasce, tem a predisposição para incorporar as rotinas que advêm do intercâmbio social a que está submetida, desde o primeiro dia de sua existência.

Nos primeiros meses de vida, o recém-nascido vive sob domínio orgânico. Tem uma identidade cósmica e indiferenciada. Sua comunicação se dá através de um ego-auxiliar, alguém que interpreta suas necessidades.[30]

---

[28] ROMESÍN, Humberto Maturana. *Da biologia...*, *op. cit.*, p. 50.
[29] *Ibidem*, p. 67.
[30] No primeiro ano de vida do bebê lhe falta estrutura psíquica bem estabelecida e bem diferenciada. A teoria psicanalítica estabelece que o ego é a esfera da psique que serve de mediador às relações entre interior e exterior, às transações entre o mundo interno e o ambiente. Vários sistemas e aparelhos psíquicos do ego servem para o domínio e a defesa, isto é, realizam a

Ao ser atendido em suas necessidades básicas de forma competente, atenciosa e afetiva, vai gerando em sua memória corporal as sensações de prazer e desprazer. Contudo, não basta a criança receber todo um aparato que atenda suas necessidades de sobrevivência, carinho e atenção. Ela necessita, também, de um contexto organizado e dirigido pelos adultos para que possa incorporar-se ao seu mundo social, adequado a um código de comportamento, valores, costumes, normas, ritos, papéis e saberes de seu grupo.[31]

O processo de construção do eu, que começou na simbiose fetal, tem no horizonte a individualização, a qual começa no genótipo[32] de cada um, caminha para um processo de socialização, que consagra o fenótipo[33] humano, através da constante sociabilidade com o outro, seja por laços de amor, de afeto, de solidariedade, de amizade.

É nessa inter-relação do eu com o outro que o indivíduo se singulariza, constrói sua unicidade ambiental.

A transição entre o estado orgânico do ser humano e a sua etapa cognitiva, racional, que só pode ser

---

descarga de tensões desnecessárias ou mesmo nocivas, a exclusão de estímulos indesejáveis, a introdução de estímulos desejáveis, a adaptação aos estímulos, a remoção e inumeráveis trocas possíveis com o ambiente. Entretanto, o recém-nascido não tem ego. A existência da mãe, sua simples presença, age como um estímulo para as respostas do bebê; sua mínima ação – por mais insignificante que seja – mesmo quando não está relacionada com o bebê, age como um estímulo. No quadro das relações objetais, essas atividades da mãe, que provocam respostas observáveis do bebê, são as formas mais gerais e mais facilmente notadas de intercâmbio de estímulos. Este é um modo de aprendizagem. (Cf. SPITZ, René A. O primeiro ano de vida: um estudo psicanalítico do desenvolvimento normal e anômalo das relações objetais. Tradução de Erothildes Millan Barros da Rocha. São Paulo: Martins Fontes, 1979. p. 120).
[31] PAROLIN, Isabel Cristina Hierro. O sim e o não na construção da pessoa. In: FÓRUM EDUCACIONAL PERNALONGA, 1., 2000, Curitiba. Trabalho apresentado no... Curitiba: PUCPR, 2000.
[32] É a composição genética de um indivíduo.
[33] É o conjunto de características observáveis de um indivíduo, devidas a fatores hereditários (genótipo) e às modificações trazidas pelo meio ambiente.

atingida e apreendida através da mediação cultural,[34] realiza a síntese entre o biológico e o social. Essa mediação é revelada por meio do diálogo com os outros, essencial na construção da consciência de cada indivíduo, interação que se reproduz na intersecção de forças centrípetas (necessidade de se ligar ao outro) e de forças centrífugas (necessidade de diferenciação do outro).

O produto dessa dinâmica social é a *face* do ser humano que, neste recorte de sua concepção, assume um valor social positivo que todo homem reivindica. É a sua imagem assente nos atributos aceitos socialmente.

A *face* é uma construção social, derivada da regra do grupo e da definição da situação em que está inserido o ser.[35]

A agregação de dois fenômenos – o biológico e o ambiental – estabelece a estrutura do ser humano global. Suas ações e reações são o produto de um estímulo circunstancial (ambiente) sobre sua estrutura individual (biológico).

Tanto psíquica quanto fisicamente, o ser humano de um dia de idade é a criança que nasceu, mais um dia de vida; o ser humano de hoje – não importa a idade – é a criança que nasceu, mais todo o seu passado. E aquele dia de vida mais esse passado compõem o exclusivo crescimento natural, somado a experiências, emoções, sentimentos, conhecimento, hábitos adquiridos, enfim, integração do ser humano em virtude do desenvolvimento, vindo de dentro, como lei da vida, e por obra e ação do meio, exercida de fora para dentro.[36]

---

[34] DANTAS, Heloysa. A afetividade e a construção do sujeito na psicogenética de Wallon. In: LA TAILLE, Yves de; OLIVEIRA, Marta Kohl de; DANTAS, Heloysa. *Piaget, Vygotsky, Wallon*: teorias psicogenéticas em discussão. São Paulo: Summus, 1992. p. 85-97.
[35] MENDES, José Manuel Oliveira. O desafio das identidades. In: SANTOS, Boaventura de Sousa. (Org.). *A globalização e as ciências sociais*. São Paulo: Cortez, 2002. p. 507.
[36] RECA, Telma. *Personalidad y conducta del niño*. Buenos Aires: El Ateneo, 1969. p. 29.

As disposições inatas permitem ao ser humano interar-se com todo o seu contexto ambiental e realizar suas aprendizagens de vida. Sua ontologia é, portanto, um conjunto integrado produzido pela combinação das características individuais resultantes da hereditariedade, somada aos comportamentos adquiridos.

Esse ponto é decisivo para pensar o ser humano na sua integralidade.

Em sua atividade quotidiana, tudo continua baseado na sua constituição genética, mas, simultaneamente, tudo se fez mediatizado e transfigurado pelas aquisições daquilo em que o gênero humano se torna, abrandando ou agravando o rigor da hereditariedade, em função daquilo que o indivíduo adquire do ambiente em que está inserido.

Nesse sentido, refere Lucien Sève que o ser humano é um misto de naturalidade e socialidade.[37]

Cabe ressaltar que não se está a vislumbrar o desenvolvimento do ser humano a partir de duas óticas

---

[37] Mesmo o autor considerando que seria necessária uma obra específica, destinada a tratar do tema da prova de que *ser humano* é conter em si a biologia e a biografia, Sève ilustra esta visão do indivíduo com o caso das crianças selvagens, Kamala e Amala, as duas rapariguinhas de cerca de oito anos e um ano e meio capturadas em 1920 na Índia, num covil de lobos, e postas a cargo do Reverendo Singh, no Orfanato de Mindnapore. Consta da descrição do Reverendo que "as meninas deixam pender a língua através dos lábios vermelhos, espessos e orlados, imitando o arquejo e abrindo, por vezes, desmesuradamente, as mandíbulas. Temendo a luz, e vendo perfeitamente na obscuridade, insociáveis, dormindo muito pouco, elas passam todo o dia agachadas na sombra ou imóveis diante de uma parede, saindo de sua prostração à noite, uivando várias vezes seguidas, gemendo sempre no desejo de se evadirem. Correm, muito depressa, apoiadas nos pés e nas mãos, com os braços e as pernas esticados, a quatro patas. Os líquidos são lambidos e a alimentação é comida com o rosto inclinado, em posição agachada. O gosto exclusivo pela carne crua as conduz às únicas atividades de que são capazes: caçar galinhas e desenterrar carcaças e entranhas, que farejam a longa distância. Não se tendo desenvolvido entre os homens, estas raparigas estão inteiramente lobizadas". E conclui Sève afirmando que "contra as crenças tenazes numa natureza humana, o seu caso mostra de modo evidente a extensão e a profundidade daquilo que configura em nós a integração na sociedade: não somente, como é evidente, a boa educação, a linguagem, a sociabilidade, mas traços que passam por serem exclusivamente congênitos, como a posição erecta ou o caráter omnívoro, as possibilidades sensoriais ou as pulsões emocionais" (SÈVE, Lucien. *Para uma...*, op. cit., p. 44-47).

dicotômicas: há uma relação dialética entre ambos os níveis de concepção e desenvolvimento do ser humano. A herança genética compõe toda a vida do indivíduo, em todos os seus aspectos, marcada pelos dados biológicos de partida. Contudo, isso não significa que tudo está posto, pré-determinado, pois o que decide é o desenvolvimento ulterior, isto é, a história social de cada ser humano.

1.3. *Status personae* e ser humano

A par do ser humano ser concebido como estrutura biológica esculpida por fatores de ordem ambiental, uma outra condição lhe é atribuída, reveladora de sua transposição, da ordem do fato biológico ou ambiental para a ordem de seu valor como *pessoa*, recebendo a partir desse deslocamento o atributo de *status personae*.

Atribuir *status personae* é (i) reconhecer que o ser humano contém um valor em si, primário, pelo fato de existir enquanto tal, e (ii) representar a unidade de direitos e deveres fundamentais da pessoa, seja ela considerada singularmente, seja nas formações sociais em que constrói sua ambiência com os outros seres humanos.

O *status personae* exprime um ser: ele representa a pessoa. Como situação, ele exprime a condição global da pessoa configurada em um dado momento histórico do seu desenvolvimento e representa a configuração subjetiva de um valor, os seus necessários, e não apenas potenciais, conteúdos essenciais.[38]

Emerge dessa acepção a noção de pessoa como valor jurídico, tornando-se admissível afirmar que todos os seres humanos diferem entre si, mas as pessoas se equivalem. Os indivíduos são reconhecidos pelos dados

---
[38] PERLINGIERI, Pietro. *Perfis do direito civil*: introdução ao direito civil-constitucional. Tradução de Maria Cristina De Cicco. Rio de Janeiro: Renovar, 1999. p. 135.

biológicos, fáticos e identificados pela genética; as pessoas são concebidas sob o prisma do seu valor pelo simples fato de pertencerem ao gênero humano.[39]

A pessoa é a representação do ser humano. Nesse sentido, o saber biológico não concorre com o saber axiológico. Aquele concebe o ser humano de forma singular, evidenciando a individualidade genética por meio do DNA, presente nos genes de toda a espécie humana. Sob esse aspecto, o ser humano é reduzido a uma característica atribuída pela ciência biológica.

Sob o enfoque axiológico, a palavra *pessoa* vem de *persona*, significando, na antiguidade clássica, a máscara com que os atores participavam dos espetáculos teatrais e religiosos, para tornarem mais forte a sua voz, ampliando-a. A palavra passou a ser usada como sinônimo de personagem e, nesta acepção, foi introduzida nos seres humanos, que também desempenham papéis, à semelhança dos atores no palco, nas suas relações sociais e jurídicas.[40]

Como categoria jurídica, o ser humano apresenta-se com uma outra roupagem: ele é pessoa, dotada de liberdade e de direitos subjetivos conferidos pela ordem jurídica.

Essa concepção traz a lume a inscrição originária da pessoa na ordem do significante, rompendo as amarras com o ser natural para entrar no universo do sentido, da racionalidade, segundo a qual a consciência adquire sua livre interioridade.

Dessa forma, a definição de pessoa adquire um aspecto incontornável da realidade humana, com base no qual deve realizar-se todo o entendimento do que a palavra *pessoa* significa: o ser humano tem uma *dignidade* que motiva o *respeito*.[41]

---
[39] SÈVE, Lucien. *Para uma...*, *op. cit.*, p. 21.
[40] AMARAL, Francisco. *Direito civil*: introdução. 3. ed. Rio de Janeiro: Renovar, 2000. p. 214.
[41] *Ibidem*, p. 66.

O *status personae* é a tradução subjetiva de um valor objetivamente tutelado, de natureza não-disponível, modificável ou contestável. Em última análise, o conteúdo do *status personae* tem função de garantia, expressa por uma cláusula geral de tutela da pessoa – a dignidade.[42]

A atribuição do *status personae* permite à pessoa ser identificada em toda a gama de relações subjetivas em que esteja envolvida. Este ser pessoa (*self*), que tem como fundante um dado biopsicológico, moldado a partir da hereditariedade e da ambiência social, assume sua identidade a partir de significados que derivam da pertença desse *self* a certas categorias, ou a aspectos da biografia pessoal culturalmente significantes.

Essa identidade assumida pelo ser humano se revela como signos do valor pragmático da pessoa, variando de acordo com os contextos,[43] os quais, no pensamento de Pietro Perlingieri, são de três ordens: (i) o *status* como critério de economia legislativa (ii) o *status* como vínculo do indivíduo a um grupo e (iii) o *status* como qualidade da pessoa.[44]

Portanto, a atribuição do estado de pessoa faz emergir a idéia de identidade, que pode ser enfocada sob três óticas ou modelos: (i) a *identidade pessoal*, que é a continuidade orgânica imputada a cada indivíduo, estabelecida através de marcas distintivas como o nome ou a aparência e que são derivadas de sua biografia; (ii) a *identidade social* ou as *identidades sociais*, constituídas pelas categorias sociais mais vastas a que um indivíduo pode pertencer; e (iii) a *identidade de ego* ou a *identidade sentida*, que é a sensação subjetiva da sua situação, da sua continuidade e do seu caráter, que advém ao indivíduo como resultado de suas experiências sociais.[45]

---

[42] Artigo 1º, III, da Constituição da República Federativa do Brasil de 1988.
[43] MENDES, José Manuel Oliveira. O desafio das..., *op. cit.*, p. 509.
[44] PERLINGIERI, Pietro. *Perfis do...*, *op. cit.*, p. 132-136.
[45] *Ibidem*, p. 132-134.

A construção axiológica da pessoa como valor central do sistema jurídico nos moldes em que o concebemos, tem suas raízes no Renascimento e no Humanismo, do século XVI, e no Iluminismo dos séculos XVII e XVIII. Paralelamente, desenvolveu-se a teoria dos direitos subjetivos como tutela dos interesses e dos valores fundamentais da pessoa.

Essas idéias inspiraram a elaboração de textos fundamentais, como o *Bill of Rigths*, dos Estados americanos (1689), e a *Declaração de Independência* das colônias inglesas na América do Norte (1776).[46]

No que se refere ao Direito continental europeu, com a derrubada da monarquia absolutista dos Bourbons pela Revolução de 1789, a Assembléia Nacional francesa instituiu o Estado liberal com base no individualismo, promulgando-se, no mesmo ano, a Declaração dos Direitos do Homem e do Cidadão, orientada de acordo com os princípios político-filosóficos instituídos por aquele movimento.[47]

Data do século XX, no entanto, o mais expressivo documento na atribuição das garantias de direitos fundamentais à pessoa, extrapolando as proteções instituídas em nível de Estado Nacional e superando o modelo anterior, com a proteção assegurada de sua vida, de sua honra, de sua liberdade, de sua integridade física e psíquica, da igualdade, da intimidade, do segredo, dentre outros valores.

A Assembléia Geral da Organização das Nações Unidas, em 1948, aprovou e promulgou a Declaração Universal dos Direitos Humanos. Essa proteção, de caráter universal, assegurou o conjunto de direitos conforme ressaltam o seus três primeiros artigos:

"Artigo 1º. Todas as pessoas nascem livres e iguais em dignidade e direitos. São dotadas de razão e

---

[46] AMARAL, Francisco. *Direito civil...*, op. cit., p. 252.
[47] SZANIAWSKI, Elimar. *Direitos de personalidade e sua tutela*. São Paulo: Revista dos Tribunais, 1993. p. 25.

consciência e devem agir em relação umas às outras com espírito de fraternidade.
Artigo 2º. Toda pessoa tem capacidade para gozar os direitos e as liberdades estabelecidas nesta Declaração, sem distinção de qualquer espécie, seja de raça, cor, sexo, língua, religião, opinião política ou de outra natureza, origem nacional ou social, riqueza, nascimento, ou qualquer outra condição.

Não será tampouco feita qualquer distinção fundada na condição política, jurídica ou internacional do país ou território a que pertença uma pessoa, quer se trate de um território independente, sob tutela, sem governo próprio, quer sujeito a qualquer outra limitação de soberania.
Artigo 3º. Toda pessoa tem direito à vida, à liberdade e à segurança pessoal".

O sistema das Nações Unidas é conhecido como "sistema universal" de proteção, pois os princípios e valores que emanam de seus documentos destacam-se como fonte direta para a consagração de direitos em declarações e convenções dos chamados sistemas "regionais" de proteção de direitos humanos, a exemplo dos sistemas europeu e americano.[48]

No plano interno ou regional, no sentido acima referido, a Carta das Nações Unidas influenciou a recepção dos direitos humanos pelos textos constitucionais no rol de direitos e garantias fundamentais da pessoa.

Ainda que na maioria dos países em desenvolvimento tais normas não passem de meros dispositivos formais sem aplicação efetiva, elas ajudam a instrumentalizar o debate em torno dos direitos do homem, ao

---

[48] Comparando os sistemas europeu e americano, Clèmerson Merlin Clève ressalta que, embora o tratado americano tenha se inspirado na experiência européia, incorporou também toda uma herança jurídica pan-americana, além da influência do pacto de direitos civis e políticos da ONU. O pacto americano adotou uma "vocação totalizadora", direcionada ao reconhecimento de um conjunto maior de direitos e não restrita a uma categoria específica (CLÈVE, Clèmerson Merlin. *Temas de direito constitucional e de teoria do direito*. São Paulo: Acadêmica, 1993. p. 137).

mesmo tempo em que conferem legitimidade ao Estado.[49]

Os direitos humanos não devem ser categorias normativas que existem no mundo ideal, imóveis e imutáveis, aguardando para serem postos em prática por meio da ação social: estão em constante criação e recriação na medida em que a pessoa atua no processo de construção social da realidade.

Fundamentam-se em direitos dotados de uma natureza universal, que pode ser reconhecida amplamente, calcada na concepção de que a pessoa tem uma dignidade absoluta e irredutível.

Mediante esse raciocínio, a concepção de direitos humanos que é oferecida e consagrada pela Declaração Universal de Direitos Humanos da Organização das Nações Unidas e pelos diversos sistemas de proteção internacional dos direitos da pessoa revela, nas palavras de Bobbio, a única prova pela qual um sistema de valores pode considerar-se humanamente fundamentado e, portanto, reconhecido. Essa prova é o consenso geral sobre sua validade.[50]

O processo de consolidação dos instrumentos de proteção dos direitos humanos revela o espaço público de proteção à pessoa, seja pela expressão no âmbito do direito internacional, mediante a celebração de tratados e convenções, seja pela relevância jurídica no âmbito interno, expressa nos textos constitucionais e nas declarações de direitos fundamentais.

Nas codificações européias do século XIX, que balizaram as linhas mestras do sistema jurídico brasileiro, a *summa diviso* que aparta o direito público e o direito privado, inspirado nas idéias jusnaturalistas que exaltavam o indivíduo, o direito privado, na esfera civil, assegurava a liberdade de contratar e a robusta apro-

---
[49] MARTINEZ PISÓN, José. *Derechos humanos*: historia, fudamento y realidad. Zaragoza: Egido, 1997. p. 15.
[50] BOBBIO, N. *El tiempo de los derechos*. Tradução R. de Asís Roig. Madrid: Sistema, 1991. p. 129 *et seq.*

priação dos bens, e no espaço do direito público, a doutrina dos direitos humanos encarregou-se de engendrar mecanismos de proteção ao indivíduo em face do Estado. Cuida-se, pois, de duas faces da mesma moeda: enquanto a sublimação da pessoa-indivíduo se dá, no direito privado, pela autonomia da vontade, no direito público ela é protegida a partir das garantias fundamentais constitucionais, ou declaradas pelos documentos emanados da Nação, que afastam as ingerências do Estado na esfera privada do cidadão.[51]

Simultaneamente, portanto, na mesma medida em que a pessoa torna-se objeto de tutela nas relações de direito privado, com o estabelecimento de direitos subjetivos para a proteção de valores atinentes à sua pessoa na órbita de suas relações privadas, as garantias fundamentais constitucionais a protegem na esfera pública.

Com isso, as duas faces da mesma moeda passaram a conviver lado a lado, o que equivale a dizer que os rígidos compartimentos do direito privado e do direito público nem sempre mostram-se suficientes para a tutela da pessoa, que, no mais das vezes, nas palavras de Gustavo Tepedino,

"exige proteção a só tempo do Estado e das sociedades intermediárias – família, empresa, associações –, como ocorre, com freqüência, nas matérias atinentes à família, à inseminação artificial e à procriação assistida, ao transexualismo, aos negócios jurídicos relacionados com a informática, às relações de trabalho em condições degradantes, e assim por diante".[52]

Abre-se, então, a perspectiva da proteção bipartida da tutela da pessoa humana.

---

[51] TEPEDINO, Gustavo. Direitos humanos e relações jurídicas privadas. In: ——. *Temas de direito civil*. Rio de Janeiro: Renovar, 1999. p. 56.
[52] *Idem*. A tutela da personalidade no ordenamento civil-constitucional brasileiro. In: ——. *Temas de direito civil*. Rio de Janeiro: Renovar, 1999. p. 36.

2. Pessoa na ordem jurídica brasileira

2.1. *Status* de sujeito de direito: da abstração à concretude

Como antes destacado, a ontologia do ser humano alcança a dimensão do espaço jurídico, e neste *locus* a pessoa desenvolve os valores expressos juridicamente na Declaração Universal dos Direitos do Homem e do Cidadão, de 1789.

Muito embora o título da aludida Declaração fragmente o *status* de pessoa em homem e cidadão, esse documento busca unificar ambos na categoria *sujeito de direito*, atribuindo-lhe genericamente a condição de *portador de liberdades universais e imprescritíveis*.[53]

A relação entre a acepção dos termos *pessoa* e *sujeito de direito* pode parecer, *prima facie*, tautológica, mas não o é, na medida em que a consagração da qualidade de sujeito de direito à pessoa é gradativa, do ponto de vista histórico.

Fazendo um recorte dessa acepção, no Direito Romano, da noção de sujeito de direito estavam excluídas três categorias de seres humanos: primeiramente os escravos, que eram a *coisa* do soldado que os capturou, ou do romano que os comprou na cidade vitoriosa. Nessa condição, os seus senhores podiam feri-los, matá-

---
[53] GEDIEL, José Antonio Peres. *Os transplantes de órgãos e a invenção moderna do corpo.* Curitiba: Moinho do Verbo, 2000. p. 18.

los a seu bel-prazer e, ao mesmo tempo, os escravos não poderiam ascender à titularidade de proprietários de coisas.[54] O escravo não era um sujeito de direito: ele integrava um conjunto de bens que se encontravam sob a autoridade direta de seu dono, cuja exploração não se concebia sem pôr em funcionamento a força de trabalho do escravo.[55]

Na segunda categoria estavam os estrangeiros, que não poderiam usufruir dos processos judiciários reservados aos romanos, quando viessem a Roma, pois apenas em sua cidade natal eles tinham direitos. Essa rigidez foi abrandada na distinção das diversas categorias de estrangeiros, dentre as quais citam-se os mais próximos aos romanos, os *latinos*, sendo-lhes conferidos diversos direitos, como o de contratar casamento com os romanos e o de realizar atos jurídicos.[56]

Numa terceira categoria estava a noção de que o estatuto de indivíduo autônomo de direito somente era conferido, nas famílias, a quem fosse o *pai* no contexto familiar romano.

Essa categorização implica reconhecer que pessoa e sujeito de direito não coincidiam no direito romano, haja vista que a ascensão à subjetividade jurídica dependia da existência de três estados: de liberdade (*status libertatis*), de cidadania (*status civitatis*) e de família (*status familiae*).

Fechado o recorte epistemológico, a viagem secular que se faz para delinear a construção da noção de sujeito de direito perpassa, necessariamente, determinados aspectos, quais sejam: (i) o perfil de Estado instalado na sociedade; (ii) o sistema normativo correlato ao perfil de Estado; (iii) a concepção de sujeito de direito como imagem do perfil de Estado e do molde de sistema jurídico concebidos em um determinado momento da história da vida em sociedade.

---

[54] VILLEY, Michel. *Do direito romano*. Porto: Rés-Editora, 1991. p. 93.
[55] MIAILLE, Michel. *Introdução crítica ao direito*. 2. ed. Lisboa: Estampa, 1989. p. 116.
[56] VILLEY, *op. cit.*, p. 93.

Esse último vai resultar na caracterização de dois momentos distintos: o da abstração e o da concretude. A Idade Moderna nasceu com o exercício da crítica voltada a revelar que os textos romanos eram inadequados para regular as relações de um novo mundo, o qual se apresentava essencialmente distinto do passado medieval. Era o período do Humanismo e da Renascença em que dois perfis simultâneos são perceptíveis: (i) fragmentos de um contexto histórico que se caracteriza pelas transformações concretas na ambiência cultural e (ii) o sinal de transição entre os tempos medievais e os tempos modernos.[57]

A modernidade é contemplada com o modelo de Estado Liberal ou Estado de Direito. Pietro Barcellona o concebeu como sendo o Estado da *legalidade* e da *liberdade*, dos indivíduos livres e iguais: livres para agir e iguais diante de uma lei igual para todos, porque geral e abstrata.[58]

Esse conceito, fundado no modelo jusnaturalista da dicotomia estado-sociedade de natureza e estado-sociedade civil, na caracterização de Bobbio, apresenta elementos que o moldam:

"(a) o estado de natureza, não político ou antipolítico, como ponto de partida; (b) o estado político como antítese do estado de natureza; (c) os indivíduos vistos no estado de natureza como singulares não associados, embora associáveis; (d) liberdade e igualdade dos indivíduos no estado de natureza; (e) pactos ou atos deliberados dos indivíduos marcam a passagem do estado de natureza para a so-

---

[57] Martins-Costa enaltece a jurista que "a estética traduz com nitidez essa transformação. O vigoroso homem esculpido no mármore de Michelangelo, a sensualidade das mulheres pintadas por Rafaelle Sanzio, a curvatura das linhas dos palácios laicos expressarão, na contraposição ao ascetismo do estilo românico e à espiritualidade das catedrais góticas, o espírito da época" (MARTINS-COSTA, Judith. *A boa-fé no direito privado*. São Paulo: Revista dos Tribunais, 1999. p. 94-95).
[58] BARCELLONA, Pietro. *Formazione e sviluppo del diritto privato moderno*. Napoli: Jovene, 1993. p. 33.

ciedade civil; (f) o consenso como conseqüência da legitimação da sociedade civil".[59]

Na transposição do estado de natureza para a sociedade civil descobrem-se os homens como indivíduos, livres e iguais para trocarem produtos que precisam para sobreviver, numa competição pela busca da sobrevivência assegurada pela presença do Estado.[60]

Essa concepção de Estado hospedou um sistema jurídico-normativo neutro e calcado em abstrações jurídicas, voltado a regular as relações subjetivas de um ser impessoal e com pretensões à perenidade. As características de liberdade e legalidade resultaram na redação de um conjunto de normas organizado em codificação, que sustentava a idéia de que seria suficiente para regrar toda a vida da sociedade civil, como lei maior da comunidade e de forma igualitária.[61]

Consagrava-se a idéia do jusracionalismo: a forma ideológica adotada pelo humanismo ao converter os princípios do direito natural – aqui vistos como sendo as representações axiológicas mais sensíveis de cada sociedade – em consubstanciais ao homem e à sociedade na qual está inserido,[62] elegendo a razão como critério mediador de toda a organização jurídica da vida em sociedade.

O jusnaturalismo adquire no racionalismo da modernidade um destino político-social, na medida em que, no campo do direito público, lançou as bases da ideologia da teoria constitucional, da política e dos princípios fundamentais de toda a ordem jurídica, e no

---

[59] BOBBIO, Norberto. *Thomas Hobbes*. Rio de Janeiro: Campus, 1991. p. 1 *et seq*.
[60] CORTIANO JR., Eroulths. *O discurso proprietário e suas rupturas*: prospectiva e perspectivas do ensino do direito de propriedade. 2001. p. 30. Tese (Doutorado em Ciências Jurídicas) - Setor de Ciências Jurídicas da Universidade Federal do Paraná.
[61] RAMOS, Carmem Lucia Silveira. A constitucionalização do direito privado e a sociedade sem fronteiras. In: FACHIN, Luiz Edson. (Org.) *Repensando fundamentos do direito civil brasileiro contemporâneo*. Rio de Janeiro: Renovar, 1998. p. 4-5.
[62] MARTINS-COSTA, Judith. *A boa fé...*, *op. cit.*, p. 136.

campo do direito privado intentou extirpar as normas que julgava em dissonância com os princípios superiores da razão, assim preparando o caminho para uma construção sistemática autônoma, independente.[63]

O jusracionalismo envolvia um sistema fechado de certezas, construído através da precisão científica de suas premissas e formulações gerais, estruturando o sistema jurídico ao modo das ciências exatas, precisas e previsíveis.

A sistematização do direito que teve na razão a fonte principal do conhecimento humano, tem como modelo o conhecimento matemático, essencialmente conceitual e dedutivo.[64]

Tratava-se, pois, de um sistema jurídico balizado por uma igualdade formal, fundado na idéia abstrata de pessoa e baseado na autonomia da vontade e na iniciativa privada, como uma hipotética auto-regulamentação dos interesses privados. É esta a configuração clássica do sujeito de direito: um indivíduo abstratamente considerado, elevado ao patamar da juridicidade no que se designou como sujeito.[65]

A essa idéia liga-se a modernidade, com evidentes conseqüências na construção da ordem jurídica, conceituando esse direito moderno categorias que se expressam no sujeito: a autonomia da vontade, o contrato, o patrimônio. São projeções ou atributos do sujeito de direito.[66]

A concepção do homem em abstrato como a categoria do sujeito de direito dá conta de que essa abstração é considerada ao largo de qualquer relação em que esteja inserido o sujeito, ou o indivíduo, portador de prerrogati-

---

[63] Ibidem, p. 137.
[64] AMARAL, Francisco. Racionalidade e sistema no direito civil brasileiro. *Revista de Direito Civil, imobiliário, Agrário e Empresarial*, São Paulo, v. 17, n. 63, p. 46, jan./mar. 1993.
[65] FACHIN, Luiz Edson. *Teoria crítica do Direito Civil*. Rio de Janeiro: Renovar, 2000. p. 210.
[66] LORENZETTI, Ricardo Luis. *Fundamentos do direito privado*. São Paulo: Revista dos Tribunais, 1998. p. 540.

vas, de direitos inatos, dando a idéia de que nenhum vínculo, nenhum limite poderia ser imposto ao indivíduo, afora aqueles que derivam da exigência e da convivência enquadrada no sistema pretensamente completo.[67] Essa foi a moldura adotada pelo sistema jurídico brasileiro, cuja figura central nele inserida é o ser humano, personificado como sujeito de direito, titular de direitos abstratos, virtuais, portador de sua capacidade de fato e autonomia de vontade, que lhe possibilita negociar direitos e obrigações.[68]

A expressão axiológica do sujeito de direito na ordem jurídica ancorou-se nas codificações civis dos séculos XIX e XX, que foram o resultado da busca incessante de uma sistemática racional correspondente à necessidade de se encontrar uma ordem para a compreensão e a aprendizagem do Direito.

Codificar correspondia a um estruturar juscientífico, implicando a sujeição das fontes ao pensamento sistemático elaborado, composto de proposições – os axiomas – que não exigiam demonstração ou comprovação pelo simples fato de serem verdadeiros, certos e exatos em sua expressão textual, hipotética, racional e abstrata.

O Código não apenas estava ligado ao fenômeno de um Estado unificado, mas também a certos pressupostos culturais, revelados pelo período da criação da ciência jurídica, fruto de um trabalho sistemático e conceitual, que possibilita a concretização de um todo clarificador e de uma linguagem conceitual abstrata de um Código racional.[69]

O ato de sistematizar por meio de um documento único – o Código – refletia um pensar centralizadamen-

---

[67] BARCELLONA, Pietro. *Diritto privato e società moderna*. Napoli: Jovene, 1996. p. 204.
[68] RAMOS, Carmem Lucia Silveira. A constitucionalização..., *op. cit.*, p. 5.
[69] Os Códigos dessa época foram o resultado da união da sociedade burguesa com os Estados nacionais que, na Itália, na Alemanha, na Suíça e em países da América do Sul, estão na origem da codificação. (*Cf.* WIEACKER, Franz. *História do direito privado moderno*. Lisboa: Calouste Gulbenkian, 1967. p. 527).

te, de forma a possibilitar a dedução de um raciocínio a partir de certos postulados fundamentais contemplados no Código ou *Codex* como verdades inabaláveis ou insuscetíveis de dúvidas.

Considerada a primeira codificação da modernidade liberal,[70] o Código Civil francês de 1804 é um diploma repleto de intenções perante a Revolução Liberal e a Burguesia Industrial que se anunciavam, influenciada, ao mesmo tempo, pelo Iluminismo, que forneceu à codificação não somente a lógica do sistema, mas também a ambição da universalidade, já que um direito, fruto da razão, é, essencialmente, comum a todos.

Diante disso, preconizava a igualdade formal de direitos, a defesa da propriedade, o livre jogo da concorrência, aí compreendida as relações de trabalho, a organização da família segundo um modelo autoritário e patriarcal.[71]

Na virada para o século XX, resultante da intensa atividade juscientífica do pandectismo alemão que se construiu por todo o século XIX, foi editado um novo modelo de codificação – o denominado BGB alemão – tendo como base o direito romano na confecção de um sistema civil: proposições jurídicas singulares, institutos, princípios e ordenação sistemática.[72]

Com a codificação – resultado na França do jusracionalismo e na Alemanha do pandectismo – um novo conceito de lei é inaugurado, visando a garantir ao sujeito de direito liberdades e direitos subjetivos inerentes à sua natureza: uma lei autofundante, estatuinte do ordenamento, norma com caráter legislativo que pode

---

[70] O jusracionalismo, o iluminismo e a noção de sistema inspiraram Frederico da Prússia na feitura de seu Código, de 1794. Todavia, embora já tivesse traços típicos de uma codificação, não se considera como tal em toda a sua plenitude e extensão. (*Cf.* MARTINS-COSTA, Judith. *A boa-fé...*, op. cit., p. 172).
[71] CHÊNE, Christian. História da codificação no direito francês. *Revista Trimestral de Direito Civil*, Rio de Janeiro, v. 2, p. 147, abr./jun. 2000.
[72] CORDEIRO, Antonio Menezes. Introdução à edição portuguesa. In: CANARIS, Claus-Wilhelm. *Pensamento sistemático e conceito de sistema na ciência do direito*. 2. ed. Lisboa: Fundação Calouste Gulbenkian, 1996. p. 93.

fundar toda a extensão de uma determinada matéria jurídica e, partindo de um sujeito unitário, cobrir o ordenamento jurídico integralmente, sem prejuízo de sua articulação interna.[73]

A roupagem do sujeito de direito é distinta em ambos os momentos da codificação: o perfil de cidadão – *citoyen* revolucionário do Direito francês – é típico do destinatário do *Code*. Já o do BGB é o burguês, o proprietário, o homem de negócios, o pai de família, espelhando o Código Civil alemão o individualismo, não mais no sentido revolucionário francês – direito subjetivo de perfil igualitário de garantia da liberdade civil, conquista do cidadão como um âmbito de liberdade antiestatal – mas no sentido de uma garantia fundamental pela qual o homem de negócios, fonte de iniciativas e responsabilidades, poderá firmar sua capacidade de expansão externa, na busca da concretização de seus valores burgueses.

No Brasil, o Código Civil de 1916 adotou como paradigma as codificações do século XIX da Europa ocidental, revelando-se, então, um típico documento daquele século.[74]

O Código Civil brasileiro refletiu o ideal de justiça de uma classe dominante, elaborado a partir de uma realidade, típica de uma sociedade colonial. Representava a força dos grupos de domínio, detentores do poder político e social da época, e traduzia mais as aspirações civilizadoras dessa elite, embora progressista,

---

[73] MARTINS-COSTA, Judith. *A boa-fé...*, op. cit., p. 176.

[74] A Constituição do Império, de 25 de março de 1824, no seu artigo 179, item 18, dispunha: "Organizar-se-á, quanto antes, um código civil e criminal, fundado nas sólidas bases da justiça e da eqüidade". Esse dispositivo constitucional permite a conclusão de que a elaboração do Código Civil brasileiro foi, antes de tudo, fruto de uma decisão de política legislativa que visava à proteção dos direitos civis dos cidadãos brasileiros e à realização dos valores fundamentais do liberalismo vigente à época, a liberdade, a segurança individual e a propriedade. Dessa forma, mantinha-se o Império brasileiro com o pensamento jurídico europeu. (*Cf.* AMARAL, Francisco. Transformação dos sistemas positivos. A descodificação do direito civil brasileiro. Separata de: *O Direito*, v. 129, p. 41, 1997).

do que os sentimentos e necessidades da grande massa da população, em condições de completo atraso.[75]

Esse o matiz dos Códigos Civis dos séculos XIX e XX: um sistema jurídico que toma para si o poder exclusivo de dizer o Direito, delineando assim, de forma tênue, mas com eficaz lâmina, a distinção do Direito e do não-Direito. Essa artificialidade – advinda da ausência de diálogos com a vida e o mundo concretos, e não abstratos – mostra-se no fenômeno de exclusão dos sujeitos, o que ingressa no que se pode conceber como regime das legitimidades.[76]

Com o Código, o Direito se faz lei, geral e abstrata, cuja fonte é o Estado, no modelo liberal, ou Estado de Direito, ou Estado da Modernidade. Uma lei exclusiva e excludente, um direito neutro e universal.[77]

Não é difícil concluir, então, que a pessoa do perfil de Estado Liberal conjugado ao modelo de sistema normativo codificado é um sujeito de direito de ficção abstrata, neutro, e que não corresponde àquela que vive, sente e transita pelos dias da vida, a pessoa como realidade concreta.

Trata-se da pessoa codificada ou sujeito virtual, reconhecido por ter nome de família, sendo absolutamente livre para auto-regulamentar seus próprios interesses. Esse sujeito de direito conceitual, não real, tem família constituída a partir do casamento e possui patrimônio suficiente para transitar juridicamente na sociedade.

Não obstante tantos atributos, é dissonante do sujeito real, que corresponde à pessoa verdadeiramente humana, portadora de valores pessoais, desejos, intenção de ter reconhecida sua dignidade.[78]

---

[75] GOMES, Orlando. *Raízes históricas e sociológicas do código civil brasileiro*. Salvador: Livraria Progresso, 1958. p. 43.
[76] FACHIN, Luiz Edson. *Teoria crítica...* , *op. cit.*, p. 213.
[77] LOBO, Paulo Luiz Netto. Direito civil alternativo. In: CHAGAS, Silvio Donizete (Org.). *Lições de Direito Civil alternativo*. São Paulo: Acadêmica, 1994. p. 13.
[78] MEIRELLES, Jussara. O ser e o ter na codificação civil brasileira: do sujeito virtual à cláusula patrimonial. In: FACHIN, Luiz Edson. (Org.) *Repensando fundamentos do direito civil brasileiro contemporâneo*. Rio de Janeiro: Renovar, 1998. p. 91.

A crise do Estado de Direito, que evoluiu para o Estado Social e Estado Democrático de Direito, operou uma renovação substancial do tecido normativo modelado pelo Estado Liberal. Os postulados do Estado Liberal não resistiram às reivindicações das novas sociedades, à velocidade crescente nas mudanças das instituições econômicas, políticas e jurídicas, que integram o jogo social. A noção de igualdade formal da modernidade logo refletiria o terror da desigualdade material, e a separação entre Estado e sociedade daria lugar a um novo modelo de Estado.[79]

Surge, então, o perfil de Estado Democrático de Direito e que é estruturado em três premissas: (i) a igualdade material em contrapartida à igualdade formal; (b) o reconhecimento recíproco da subjetividade social em face da subjetividade abstrata; (c) o princípio da solidariedade e de intervenção do Estado na economia.

Abre-se espaço para uma nova relação entre o Estado e a Sociedade, levando-se em conta as necessidades e exigências dos sujeitos, principalmente no que pertine à distribuição de renda, à assistência às classes desfavorecidas e o uso não egoístico dos bens, renovando, dessa forma, a essência do que foram os institutos jurídicos da propriedade e da autonomia contratual.[80]

O novo perfil de Estado exigiu um outro modelo de sistema jurídico, capaz de atender aos clamores e às necessidades da nova sociedade. Isso trouxe para os juristas, particularmente aos civilistas, uma reflexão sobre a existência e a função da ordem jurídica civil na contemporaneidade, a partir de uma visão crítica, para concluir pela inadequação do Direito da época moderna aos problemas da sociedade que emergia.

A própria idéia de sistema foi revista nessa transmutação. A que fundamentou a construção jurídica da época moderna foi marcada pela unidade, plenitude e coerência, como produto de puras conexões lógicas

---
[79] CORTIANO JR., Eroulths. *O discurso...*, op. cit., p. 91.
[80] BARCELLONA, Pietro. *Diritto...*, op. cit., p. 109-113.

decorrentes de princípios fundamentais dispostos de modo estático e fechado, próprio do jusracionalismo inicial. No momento atual, a concepção que domina a idéia de sistema é de um conjunto aberto e dinâmico, que continuamente se enriquece e se reconstitui.[81] O sistema normativo partiu em busca da concretização do abstrato, mais especificamente, da proteção efetiva dos valores mais sensíveis e inatos da pessoa, alçada agora à condição de sujeito de direito concreto, visto sob o prisma de sua própria natureza e dignidade.[82]

Trata-se de uma viagem sem volta. A ordem jurídica civilista tratou de ancorar no porto da perspectiva publicista do Estado Democrático de Direito, encontrando nele novos valores: a segurança individual cede ao valor da segurança coletiva e do bem comum; a idéia de justiça nas vertentes aristotélicas de comutativa, distributiva e legal cede espaço à justiça social, que se consagra constitucionalmente; a liberdade burguesa, nas suas expressões típicas da autonomia privada e do direito de propriedade, sofre limitações com a intervenção do Estado; o direito de família modifica-se profundamente com a institucionalização da igualdade dos cônjuges e dos filhos e com o reconhecimento da existência e eficácia da união estável entre companheiros; disciplina-se o divórcio, ampliam-se as possibilidades de reconhecimento dos filhos, regulamentando-se a procriação assistida; no campo econômico, novos tipos de sociedades, novos contratos, medidas de proteção ao consumidor, atividades financeiras e de trabalho, concorrência, circulação de capitais, todas estas questões estabelecidas no tecido da legislação especial e em normas constitucionais,[83] conduzindo à perda de *status* do Código Civil como Constituição da vida privada e ao enaltecimento dos microssistemas.

---

[81] CANARIS, Claus-Wilhelm. *Pensamento sistemático e conceito de sistema na ciência do direito*. Tradução de Menezes Cordeiro. Lisboa: Fundação Calouste Gulbenkian, 1996. p. 281.
[82] *Cf.* MEIRELLES, Jussara. O ser e o ter..., *op. cit.*, p. 91.
[83] *Cf.* AMARAL, Francisco. Transformação..., *op. cit.*, p. 44.

Essa transmutação axiológica fez do Direito uma ciência ética voltada à prática social, passando a orientar-se o pensamento jurídico e sua *praxis* mais em função dos valores ligados à pessoa como ser dotado de dignidade, do que dos interesses patrimoniais que emergem dessa e para essa pessoa.

Esses novos ditames perpassam, necessariamente, alguns aspectos da transformação em comento, podendo-se citar a respeito Francisco Amaral:

"(i) constitucionalização dos princípios fundamentais do direito privado, que, contrariamente ao que sucedia no século XIX, quando o Código Civil era a sede institucional dos princípios referentes à pessoa, à sua família e ao seu patrimônio, hoje se localizam no texto constitucional, novo epicentro do sistema jurídico e social.

(ii) personalização do direito civil no sentido de sua humanização, isto é, uma ampliação do conceito jurídico de pessoa, que passa a equivaler a ser humano, com o desenvolvimento do seu novo setor, o dos direitos da personalidade, com o objetivo de defendê-la na sua integridade física, intelectual e moral.

(iii) substituição do Código Civil pela Constituição no vértice da pirâmide jurídica ou na posição central do ordenamento jurídico, isto é, o primado e a centralidade da Constituição no sistema de fontes do direito".[84]

O novo Direito Civil relega o individualismo formalista próprio do século XIX para centrar a atenção na pessoa "de carne e osso" – verdadeiramente humana.

Essa transposição significa que o sujeito de direito, elemento basilar e neutro do direito civil codificado, deu lugar, no cenário das relações de direito privado, ao ser humano concreto, para cuja promoção se volta toda a ordem jurídica.

---
[84] *Ibidem*, p. 45.

É o momento de repersonalizar o sujeito de direito na ordem jurídica civil recepcionando, com destaque, a partir do texto constitucional, o princípio fundamental da *dignidade da pessoa humana*. Trata-se de um princípio estruturante, constitutivo e indicativo das idéias diretivas básicas de toda a ordem constitucional, ganhando concretização e funcionalização na teia do sistema normativo através de outros princípios e regras constitucionais, afastando, definitivamente, a idéia de predomínio do individualismo atomista no Direito.[85]

A dignidade da pessoa humana constitui cláusula geral que dá nova feição às estruturas e à dogmática do Direito Civil brasileiro, e este novo aporte às relações privadas – propriedade, empresa, família, relações contratuais – justifica-se nas conquistas seculares do direito público, que produziram direitos e garantias fundamentais do cidadão em face do Estado.[86]

Opera-se, assim, uma nova funcionalização do sujeito de direito na ordem jurídica brasileira: a pessoa humana, que se encontra no ápice do ordenamento jurídico, tendo como referência de proteção a dignidade constitucional unificadora de todos os direitos fundamentais, é o ser humano concreto. Nessa qualidade, acaba por lançar a todo o tecido normativo a garantia da existência digna, buscando a realização da justiça social, do livre desenvolvimento da pessoa e seu preparo para o exercício da cidadania.[87]

2.2. Direitos fundamentais da pessoa

A realidade imposta pelo Estado contemporâneo revela um novo diálogo entre o Direito e a Sociedade e

---

[85] FACHIN, Luiz Edson. *Estatuto jurídico do patrimônio mínimo.* Rio de Janeiro: Renovar, 2001. p. 191.
[86] TEPEDINO, Gustavo. Do sujeito de direito à pessoa humana. *Revista Trimestral de Direito Civil,* Rio de Janeiro, v. 2, p. 6, abr./jun. 2000.
[87] FACHIN, *op. cit.,* p. 193.

nessa relação cabe demonstrar como os direitos fundamentais da pessoa incorporam-se no processo de definição da atual sociedade – democrática e do Estado Democrático.

A mudança de perfil do Estado é que permitiu alavancar a idéia em prol de uma vinculação dos direitos fundamentais no âmbito das relações entre particulares.

No período do Estado Liberal de Direito, os direitos fundamentais, na condição de direitos de defesa, eram concebidos e tinham a precípua tarefa de proteger os indivíduos das ingerências por parte dos poderes públicos no âmbito de sua esfera personalíssima – a exemplo do direito à liberdade, à privacidade, à propriedade, à integridade física – alcançando, com isso, importância apenas e tão-somente nas relações entre indivíduos e Estado, puro reflexo da então proclamada separação entre sociedade e Estado, assim como entre público e privado.[88]

Contudo, o Estado precisou alterar seu papel, e a relação entre sociedade e Estado, público e privado, alterou-se substancialmente.

Inegável que a ampliação cada vez mais crescente das atividades e funções estatais, somada ao incremento da participação ativa dos particulares no exercício do poder, clamou por uma proteção mais ampla do Estado e o chamou à tutela das relações entre os particulares.

Passa, assim, o Estado a aparecer como um fiel depositário da responsabilidade pela proteção integral e global dos direitos fundamentais, concebidos como valores que o Estado não apenas deve respeitar, mas também promover e proteger, e que alçam vôo e alcançam uma irradiação por todo o ordenamento jurídico – público e privado.

---

[88] SARLET, Ingo Wolfgang. (Org.) Direitos fundamentais e direito privado: algumas considerações em torno da vinculação dos particulares aos direitos fundamentais. In: ——. *A Constituição concretizada*: construindo pontes com o público e o privado. Porto Alegre: Livraria do Advogado, 2000. p. 117.

O fenômeno de superposição dos espaços público e privado, suscitando uma redefinição de limites e uma profunda relativização conceitual, é concomitante à percepção de uma nova unidade do sistema jurídico imposta pelo Estado Democrático de Direito, que, no Brasil, tem como leme de condução a rede axiológica da Constituição Federal de 1988, concebendo uma ordem jurídica de diálogo entre dois espaços normativos, revelada pelo denominado Direito Civil-Constitucional.

Trata-se da consagração dos princípios gerais do Direito Internacional, recepcionados em 1789 na Declaração de Direitos do Homem e do Cidadão e em 1948 na Declaração Universal dos Direitos Humanos, emanada da Organização das Nações Unidas, e que são lançados no Direito Constitucional como direitos fundamentais, para significar a existência de garantias individuais inalienáveis dos sujeitos nas relações com o poder estatal, contemplando-se como dispositivos de proteção e promoção do bem-estar social dos cidadãos.[89]

O aspecto formal da Constituição escrita, bem como, o conceito de Constituição decorrente da ideologia liberal positivada no artigo XVI da Declaração Universal dos Direitos do Homem e do Cidadão – separação dos poderes e garantia dos direitos individuais – foram determinantes para a passagem da supremacia do Direito para a supremacia da Constituição.[90]

Os direitos fundamentais – na perspectiva da ordem constitucional, expressos nos textos constitucionais, ou os direitos humanos – na ótica do direito

---

[89] CLÈVE, Clèmerson Merlin. *Temas de...*, op. cit., p. 125.

[90] Saldanha enaltece neste recorte que "a supremacia da Constituição e, certamente, do direito, é supremacia de normas jurídicas que embasam o Estado e que forma o alicerce da ordem vigente. Mas enquanto a idéia de uma submissão ao direito, envolvendo monarcas e estamentos, correspondeu ao conceito semicostumeiro de um direito nascente e fundado no jusnaturale com chancela divina, a submissão à Constituição corresponde à sociedade pós-feudal, com imagem leiga do Estado e da política e com um conceito mais racionalista, mas técnico, sobretudo a americana e a francesa, mas ainda esta – em que se deu a eclosão da idéia. Ela veio com a própria vigência da noção liberal/formal/escrita da Constituição" (SALDANHA, Nelson. *Formação da teoria constitucional*. Rio de Janeiro: Forense, 1983. p. 76).

internacional, revelados nas declarações fundamentais, são pressupostos necessários para o adequado funcionamento dos próprios mecanismos característicos de um regime democrático, vale dizer, as normas constitucionais que declaram esses direitos não revelam, apenas, as regras do jogo, mas são concebidas, acima de tudo, como regras preliminares que permitem o desenrolar do jogo num Estado e numa sociedade que se pretende democrática.[91]

A incorporação ao sistema jurídico de direitos fundamentais inerentes à pessoa e contemplados numa ordem jurídico-institucional concretamente vigente, importa em reconhecer que o ser humano não é apenas um dado ontológico, mas também um dado axiológico, cujo reconhecimento resulta no comprometimento político do Estado Democrático, por meio dos textos constitucionais, de proteção à pessoa em valores que lhe são imanentes – os relativos à idéia de *ser pessoa* na ordem jurídica.

Em verdade, trata-se de um momento de redescoberta da pessoa pelo Direito, como ente central da sociedade, dotado de expressão valorativa.

Reconhecendo essa nova concepção, no aspecto formal, os direitos fundamentais expressam toda a posição jurídica subjetiva da pessoa consagrada nas leis fundamentais. Mas por direitos fundamentais há mais a expressar – o sentido material, que afasta o perigo de um positivismo cego aos valores permanentes, intrínsecos e imanentes da pessoa.

No sentido material, os direitos fundamentais são os direitos inerentes à própria noção de pessoa, são direitos básicos da pessoa, como aqueles que constituem a base jurídica da vida humana no seu nível atual de dignidade. São os fundamentos da situação jurídica de cada pessoa, e se a Constituição atribui tais direitos, é porque adere a uma ordem de valores que ultrapassam

---
[91] BOBBIO, Norberto. *Il futuro della democrazia*: uma difesa delle regole del gioco. Milano: Einaudi, 1994. p. 27.

as disposições positivas, dependentes da capacidade de formulação do legislador constituinte e dos condicionalismos históricos em que se move.[92]

A linha do constitucionalismo democrático – a exemplo de países como Alemanha, Portugal, Itália, Espanha e Brasil – opta pela garantia dos direitos fundamentais antes e independentemente de qualquer regulamentação da vida econômica e os concebe proclamando como cláusula geral de proteção da pessoa, a tutela da dignidade.

A técnica adotada pelo constituinte de compor os princípios fundamentais da República, no Título I, da Constituição Federal de 1988, enaltece que os valores ali contidos – soberania, cidadania, dignidade da pessoa humana, valores sociais do trabalho e da livre iniciativa e o pluralismo político – precedem, topográfica e interpretativamente, todos os demais capítulos constitucionais.

O Texto Constitucional não teria um rol de princípios fundamentais não fosse para, no plano hermenêutico, condicionar e conformar todo o tecido normativo - o corpo constitucional e o ordenamento infraconstitucional, definindo assim uma nova ordem pública, da qual não se podem excluir as relações jurídicas privadas, que conduzem ao ápice do sistema jurídico a tutela da pessoa, funcionalizando a atividade econômica privada aos valores existenciais e sociais definidos na cláusula geral de proteção.[93]

Essa luminosidade, trazida pelo Texto Constitucional ao sistema jurídico brasileiro, traduz a união entre os direitos fundamentais consagrados pela Constituição e o Direito Privado, assumindo este entrelaçamento feições específicas e diferenciadas, no contexto genérico, entre ambos os espaços jurídicos.

---

[92] MIRANDA, Jorge. Direitos fundamentais na ordem constitucional portuguesa. *Revista de Direito Público*, São Paulo, n. 82, p. 5-27, abr./jun. 1987.
[93] TEPEDINO, Gustavo. Direitos humanos..., *op. cit.*, p. 67.

A vinculação entre tais espaços traz à cena o particular – a pessoa – e suas possíveis posições sob a ótica dos direitos fundamentais: (i) a posição de efeitos verticais, existente sempre que estiver em questão a vinculação das entidades estatais (públicas) aos direitos fundamentais, em última análise, sempre que se estiver tratando da vinculação do legislador, dos órgãos do Poder Judiciário, no exercício da atividade jurisdicional no que diz respeito às normas do Direito Privado e a solução dos conflitos entre particulares (relações particular-Estado) e (ii) a posição de efeitos horizontais, que se revela no âmbito das relações entre particulares, mais propriamente, da vinculação das pessoas físicas ou jurídicas aos direitos fundamentais.[94]

Como destinatária da luminosidade constitucional – seja ela de eficácia vertical ou horizontal –, a pessoa encontra-se vinculada a toda e qualquer norma vigente, válida e eficaz de direitos fundamentais[95] e, em se tratando da perspectiva jurídica brasileira, uma eficácia direta, consoante a mensagem constitucional da consagração do princípio da aplicabilidade imediata das normas definidoras de direitos e garantias fundamentais – artigo 5º, § 1º, da Constituição Federal de 1988.[96]

A interlocução entre o público e o privado revela que os direitos fundamentais expressos, inicialmente, na tutela máxima da dignidade da pessoa humana, e posteriormente nos direitos e garantias fundamentais do artigo 5º, *caput* e incisos, da Constituição Federal de 1988, integram uma ordem de valores objetiva,

---

[94] SARLET, Ingo Wolfgang. Direitos fundamentais..., *op. cit.*, p. 109-110.

[95] Ressalte-se a existência de uma série de normas de direitos fundamentais que restam excluídos do presente estudo por se tratar, em princípio, inoponíveis a particulares – pessoas físicas ou jurídicas – em especial quando o destinatário é o órgão estatal, como ocorre, por exemplo, com os partidos políticos, garantias fundamentais processuais, notadamente na esfera penal, direito de asilo e não extradição (*Cf.* CANOTILHO, José Joaquim Gomes. *Direito Constitucional e Teoria da Constituição.* 4. ed. Coimbra: Almedina, 1989. p. 1.153).

[96] "As normas definidoras dos direitos e garantias fundamentais têm aplicação imediata".

centrada na dignidade da pessoa humana no seio da comunidade, compreendendo-se esta como princípio condutor de todos os âmbitos do direito – eficácia irradiante – inclusive e notadamente o Direito Civil, como esteira das relações jurídicas privadas, espaço de liberdade e de autonomia, limitadas e conformadas juridicamente.

2.3. Repersonalização: um outro olhar à pessoa

Os valores jurídicos da sociedade contemporânea não são mais aqueles proclamados pelo modelo do Estado Liberal. No sistema jurídico brasileiro, com a imbricação do público e do privado, do Código Civil e da Constituição Federal, depara-se, na contemporaneidade, com um repensar acerca do sujeito de direito, portador de uma nova condição – a de pessoa humana concreta, de ser ontológico *plus* axiológico.

A autonomia total e absoluta da vontade humana e da igualdade formal, valores sobre os quais repousava o Direito Privado do modelo de Estado liberal-burguês, dão espaço a outros valores jurídicos, correlatos a interesses de proteção de uma sociedade que aguarda e conta com a tutela estatal, cuja moradia é o Texto Constitucional.

A Lei Fundamental do Estado Liberal, fruto da modernidade política e do racionalismo iluminista, considerada à época somente como estatuto da vida política do Estado, passa na contemporaneidade a expressar supremacia no campo normativo e positiva direitos concernentes à pessoa concreta, preservados os valores da liberdade, igualdade, segurança e propriedade.

Como corolário dessa supremacia, entende-se que a Constituição é o aporte normativo de todos os atos praticados sob sua égide e, posicionando esta questão ao fenômeno da hierarquia normativa, todo o direito infraconstitucional é direito constitucionalizado – num sentido negativo (oferecendo limites à legislação infraconstitucional) e positivo (conformando também o conteúdo material das normas hierarquicamente inferiores).[97]

Nesse diapasão é que se consolida a idéia de que a Constituição Federal é lei fundamental portadora de valores materiais, cuja expressão é formal ou positivamente proclamada, e está consubstanciada no princípio matriz da tutela da dignidade da pessoa humana.

O fenômeno da repersonalização do Direito vai-se impondo como uma resposta à ordem criada e que não mais se encaixa na moldura dos fatos que emergem de uma nova sociedade. O Direito não mais está apenas centrado funcionalmente em torno do conceito de pessoa, mas também seu sentido e sua finalidade são a proteção da pessoa.[98]

O Direito Civil, sob a égide do modelo de Estado Liberal, atentava precipuamente para o *ter* da pessoa, ou seja, seu patrimônio e seu poder contratual de gerar e portar riquezas econômicas.

Cerram-se as cortinas dessa cena para, sob a luminosidade de um Estado Democrático de Direito, abrir-se um outro olhar a partir de um novo modelo normativo, ancorado nos princípios constitucionais, que têm por meta orientar todo o ordenamento jurídico para a realização dos valores subjetivos da pessoa, como *titular de direitos existenciais*, imanentes à sua condição de ser humano, como dado ontológico e axiológico.

Repersonalizar o Direito Civil é repor a pessoa e seus direitos no topo da regulamentação *jure civile*, não apenas como ator que neste espaço intervém, mas, acima de tudo, como o móbil que, de maneira privilegiada, explica a característica técnica dessa regulamenta-

---

[97] FINGER, Julio César. Constituição e direito privado: algumas notas sobre a chamada constitucionalização do direito civil. In: SARLET, Ingo Wolfgang (Org.). *A Constituição concretizada*: construindo pontes com o público e o privado. Porto Alegre: Livraria do Advogado, 2000. p. 94.
[98] AGUIRRE Y ALDAZ, Carlos M. *El derecho civil a finales del siglo XX*. Madrid: Tecnos, 1991. p. 53.

ção, cuja raiz é antropocêntrica, ligada visceralmente à pessoa humana e a seus direitos.[99]

Emerge um novo sistema axiológico – o Direito Civil-Constitucional –, em busca de um fundamento ético, não excludente da pessoa e de seus interesses não-patrimoniais. Um Direito Civil proprietário passa a ser um Direito Civil humanitário, personalista e voltado a uma regulação de interesses do homem que convive em sociedade e que merece perceber do sistema jurídico que o envolve um lugar apto a propiciar seu livre desenvolvimento com dignidade.[100]

Essa diretriz personalista tende a imprimir-se em todo o ordenamento jurídico, deixando para trás o individualismo do século XVIII e a biografia do sujeito jurídico da Revolução Francesa, criando um distanciamento cada vez maior do tecnicismo e do neutralismo para fazer vingar um Direito Civil concebido como "serviço da vida", a partir de sua raiz antropocêntrica.[101]

O móvel da repersonalização é restaurar a primazia da pessoa,[102] que se faz mediante a redefinição de valores e conceitos relativos à sua condição e proteção dentro do sistema normativo vigente. Percebe-se, assim, a pessoa como destinatária da proteção de certas qualidades, atributos, expressões ou projeções de sua perso-

---

[99] CARVALHO, Orlando de. *Para uma teoria da relação jurídica civil*. I. A teoria geral da relação jurídica: seu sentido e limites. 2. ed. Coimbra: Centelha, 1981. p. 10.
[100] É a constatação do fenômeno da despatrimonialização do Direito Civil, como corolário de sua constitucionalização. No dizer de Pietro Perlingieri, "com essa despatrimonialização não se projeta a expulsão e a 'redução' quantitativa do conteúdo patrimonial no sistema jurídico e naquele civilístico em especial; o momento econômico, como aspecto da realidade social organizada, não é eliminável. A divergência, não certamente de natureza técnica, concerne à avaliação quantitativa do momento econômico e à disponibilidade de encontrar, na existência da tutela do homem, um aspecto idôneo, não a 'humilhar' a aspiração econômica, mas, pelo menos, a atribuir-lhe uma justificativa institucional de suporte ao livre desenvolvimento da pessoa" (PERLINGIERI, *Perfis do...*, op. cit, p. 33.
[101] FACHIN, Luiz Edson. Limites e possibilidades do ensino e da pesquisa jurídica: repensando paradigmas. *Revista Direito, Estado e Sociedade*, Rio de Janeiro, n. 15, 61-70, ago./dez. 1999.
[102] CARVALHO, Orlando. *Para uma...*, op. cit., p. 92.

nalidade e que merecem tutela de natureza especial pelo ordenamento jurídico.

Na expressão de Orlando Gomes, direitos de personalidade são aqueles "que recaem em manifestações especiais de suas projeções, consideradas dignas de tutela jurídica, principalmente no sentido de que devem ser resguardadas de qualquer ofensa, por necessária sua incolumidade ao desenvolvimento físico e normal de todo homem".[103]

Deflagrou-se, então, uma proteção notadamente especial à pessoa. É que, além de o sistema jurídico proteger os direitos a bens externos à pessoa, deve o direito proteção aos seus direitos internos – os direitos de personalidade – aqueles que garantem a fruição dos bens pessoais de cada pessoa, a "fruição de nós mesmos, assegurando ao indivíduo a senhoria de sua pessoa, a atuação das próprias forças físicas e espirituais".[104]

O Direito, na sua concepção clássica, concebe o termo *personalidade* como a aptidão para ser sujeito de direito, o que significa ser pessoa e ter personalidade. Assim é que pessoa e sujeito, no plano jurídico clássico do Direito Civil, são conceitos que se equivalem e, nesse rumo, personalidade vem a ser aptidão para ser pessoa.[105]

A personalidade ou subjetividade significa, então, a possibilidade de alguém ser titular de relações jurídicas sendo, portanto, o pressuposto da imputação normativa dos direitos e dos deveres. A projeção desse valor que se traduz em um *quantum* é a capacidade, medida jurídica da personalidade ou a realização do valor reconhecido pelo sistema jurídico - personalidade.[106]

---

[103] GOMES, Orlando. *Introdução ao Direito Civil*. 12. ed. Rio de Janeiro: Forense, 1996. p. 151.
[104] FERRARA, Francesco. *Trattato di diritto civile italiano*. Roma: Athenaeum, 1921. v.1, p. 389.
[105] MORAES, Walter. Concepção tomista de pessoa. *Revista dos Tribunais*, São Paulo, v. 540, p. 14-24, out. 1980.
[106] AMARAL, Francisco. *Direito... op. cit*, p. 216.

Muito embora esses conceitos abstratos revelassem uma certa utilidade no sistema jurídico clássico, de forma a permitir os desígnios práticos do trânsito jurídico a que estavam destinadas as regras do Código Civil e os sujeitos do Código, é certo que na contemporaneidade, quando novos valores da pessoa estão em cena e a condição do ser humano é para *além de ser sujeito de direitos e obrigações*, a razão da tutela máxima da ordem jurídica brasileira – dignidade da pessoa humana – urge a transformação do que se concebe, juridicamente, como personalidade, para fins de proteção do sistema jurídico.

O Direito do final do século XX e deste século que se inicia é marcado pelo reconhecimento da necessidade de tutela dos valores existenciais da pessoa, que até então eram relegados a uma proteção indireta, quando existente. Essa transformação é resultante da própria concepção do Direito que, efetivamente, é, em sua totalidade, valorativo, quer dizer, uma comunidade, em determinado momento histórico, elege valores que pretende dignos de tutela, a qual se dá através do ordenamento jurídico que rege a vida em sociedade.[107]

A palavra *personalidade* admite no sistema jurídico dois pontos de vista: (i) sob o enfoque do sistema jurídico clássico, como atributos da pessoa, que a habilita a ser sujeito de direito e, neste enfoque, é concebida como capacidade, indicando a titularidade das relações jurídicas. É a conotação estrutural da pessoa na ordem jurídica; (ii) sob o enfoque do sistema jurídico contemporâneo, é o conjunto de características e atributos da pessoa, considerada como objeto de proteção por parte do ordenamento jurídico e, mais, como valor, tendo em conta os atributos inerentes e indispensáveis ao ser humano e que se irradiam da personalidade.[108]

---

[107] CORTIANO JR., Eroulths. Alguns apontamentos sobre os chamados direitos da personalidade. In: FACHIN, Luiz Edson (Org.). *Repensando fundamentos do direito civil brasileiro contemporâneo*. Rio de Janeiro: Renovar, 1998. p. 32.
[108] TEPEDINO, Gustavo. A tutela da..., *op. cit.*, p. 27.

Ela surge como projeção da natureza humana, condição natural da pessoa ou situação subjetiva existencial,[109] caracterizando-se pela garantia de proteção à pessoa pertinente a alguns valores que são indispensáveis ao homem – gênero – enquanto sujeito de direito, com a finalidade de protegê-lo no que ele tem de mais essencial – sua personalidade – que, no dizer de De Cupis,

"Trata-se da proteção de direitos imprescindíveis, sem os quais a personalidade restaria completamente insatisfeita, privada de qualquer valor concreto, a ponto de se poder afirmar que, inexistindo os direitos imanentes à pessoa humana, esta não seria mais a mesma, posto que para a existência de outros direitos subjetivos da pessoa, é essencial que os direitos da personalidade estejam presentes".[110]

Na medida em que a pessoa se torna objeto da tutela máxima da ordem jurídica – seja sob o olhar público ou privado do ordenamento, isto é, estando frente a uma relação jurídica em face do Estado ou em face de outro particular –, o Direito Civil tratou de definir a configuração dogmática e, para tanto, socorreu-se da previsão constitucional e das leis especiais que, de forma pontual, fornecem elementos normativos capazes de permitir sua configuração dogmática.[111]

[109] Cortiano Jr. salienta esta idéia dizendo "o que caracteriza a situação subjetiva como existencial ou patrimonial é o interesse que constitui o seu núcleo. Importante notar que todo o direito (portanto toda a tratativa das situações jurídicas) tem como interesse final o homem, o que significa dizer que mesmo essa classificação (situação subjetiva existencial e patrimonial) é relativa, e diz respeito somente ao interesse imediatamente vinculador do comportamento. Assim, as situações referentes à propriedade, ao crédito, etc., são tidas como relações patrimoniais, enquanto as situações referentes aos chamados direitos da personalidade são tidas como situações existenciais" (CORTIANO JR, Eroulths. Alguns..., op. cit., p. 33).
[110] DE CUPIS, Adriano. I diritti della personalità. Milano: Giuffrè, 1950. p. 18 et seq.
[111] No dizer de Tepedino, são os seguintes registros legislativos: "artigo 5º, X, da Constituição da República, segundo o qual 'são invioláveis a intimidade, a vida privada, a honra, a imagem das pessoas, assegurado o direito a indenização pelo dano material ou moral decorrente de sua violação'; o artigo 220,

Sublinhe-se, a propósito, que o novo Código Civil – Lei nº 10.406, de 10 de janeiro de 2002 – contempla em seus artigos 11 e seguintes a proteção aos direitos de personalidade em geral, indicando, de maneira não taxativa, a proteção da pessoa em sua integridade física e moral.[112]

Mas é certo que a personalidade humana é bem jurídico insuscetível de expressão dogmática, quer como relação jurídica tipificada ou como um emaranhado de

também do texto maior, que assegura a liberdade de 'manifestação de pensamento, a criação, a expressão e a informação, sob qualquer forma, processo ou veículo', em conformidade com o artigo 5º, IV e V, do rol das garantias fundamentais; a Lei nº 8.849/92 que, respondendo ao comando do artigo 199, § 4º, da Constituição, regula o transplante de órgãos; o artigo 5º, XXVII e XVIII, e a Lei nº 5.988/73, cujos artigos 25 e 28 disciplinam os direitos morais do autor; os artigos 54 e ss da Lei nº 6.015/73, que fixa a normativa do direito ao nome" (TEPEDINO, Gustavo. A tutela da..., *op. cit.*, p. 35).

[112] "Art. 11. Com exceção dos casos previstos em lei, os direitos da personalidade são intransmissíveis e irrenunciáveis, não podendo o seu exercício sofrer limitação voluntária. Art. 12. Pode-se exigir que cesse a ameaça, ou a lesão, a direito da personalidade, e reclamar perdas e danos, sem prejuízo de outras sanções previstas em lei. Parágrafo único. Em se tratando de morto, terá legitimação para requerer a medida neste artigo o cônjuge sobrevivente, ou qualquer parente em linha reta, ou colateral até o quarto grau. Art. 13. Salvo por exigência médica, é defeso o ato de disposição do próprio corpo, quando importar diminuição permanente da integridade física, ou contrariar os bons costumes. Parágrafo único. O ato previsto neste artigo será admitido para fins de transplante, na forma estabelecida em lei especial. Art. 14. É válida, com objetivo científico, ou altruístico, a disposição gratuita do próprio corpo, no todo ou em parte, para depois da morte. Parágrafo único. O ato de disposição pode ser livremente revogado a qualquer tempo. Art. 15. Ninguém pode ser constrangido a submeter-se, com risco de vida, a tratamento médico ou a intervenção cirúrgica. Art. 16. Toda pessoa tem direito ao nome, nele compreendidos o prenome e o sobrenome. Art. 17. O nome da pessoa não pode ser empregado por outrem em publicações ou representações que a exponham ao desprezo público, ainda quando não haja intenção difamatória. Art. 18. Sem autorização, não se pode usar o nome alheio em propaganda comercial. Art. 19. O pseudônimo adotado para atividades lícitas goza da proteção que se dá ao nome. Art. 20. Salvo se autorizadas, ou se necessárias à administração da justiça ou à manutenção da ordem pública, a divulgação de escritos, a transmissão da palavra, ou a publicação, a exposição ou a utilização da imagem de uma pessoa poderão ser proibidas, a seu requerimento e sem prejuízo da indenização que couber, se lhe atingirem a honra, a boa fama ou a respeitabilidade, ou se se destinarem a fins comerciais. Parágrafo único. Em se tratando de morto ou de ausente, são partes legítimas para requerer essa proteção o cônjuge, os ascendentes ou os descendentes. Art. 21. A vida privada da pessoa natural é inviolável, e o juiz, a requerimento do interessado, adotará as providências necessárias para impedir ou fazer cessar ato contrário a esta norma".

direitos subjetivos que almejem delinear os valores topograficamente superiores da pessoa. Isso porque um modelo de proteção a direitos subjetivos tipificados será, por vezes, insuficiente a atender às possíveis e inúmeras situações subjetivas em que a personalidade humana reclame tutela jurídica.[113]

É justamente uma concepção contrária que deve estar presente na ordem jurídica, a qual significa uma atenção do Direito às múltiplas e renovadas situações em que a pessoa esteja envolvida.

Nesse rumo, não se versaria acerca de um único direito subjetivo ou à tipificação de múltiplos direitos de personalidade, mas sim de uma tutela norteadora de proteção máxima – a dignidade da pessoa humana – que condiciona o intérprete e o legislador ordinário, modelando todo o tecido normativo infraconstitucional com a nova axiologia eleita pelo constituinte.[114]

Ao lado da discussão acerca da tipificação dos direitos de personalidade, outro aspecto relevante e controverso diz respeito aos espaços jurídicos de funcionalização dos direitos imanentes da pessoa – o público, com seus direitos fundamentais, e o privado, com seus direitos de personalidade.

Essa divisão funcional perde força diante do entendimento de que os direitos inerentes à pessoa, por merecerem proteção especial do sistema jurídico, devem atuar não só numa disciplina jurídica, mas em todas as áreas de atuação da ciência jurídica: o Direito Constitucional, o Direito Civil, o Direito Penal, o Direito Administrativo, a Teoria Geral do Direito e a Filosofia do Direito.[115]

---

[113] PERLINGIERI, Pietro. *La personalità umana nell'ordinamento giuridico*. Napoli: Esi, 1972. p. 131.
[114] Frisa Tepedino que "a tutela da personalidade não pode se conter em setores estanques, de um lado os direitos humanos e de outro as chamadas situações jurídicas de direito privado. A pessoa, à luz do sistema constitucional, requer proteção integral, que supere a dicotomia direito público e direito privado e atenda à cláusula geral fixada pelo texto maior, de promoção da dignidade humana" (TEPEDINO, Gustavo. A tutela da..., *op. cit.*., p. 50).
[115] SZANIAWSKI, Elimar. *Direitos...*, *op. cit.*, p. 93.

Os direitos e garantias fundamentais consagrados pelo artigo 5º da Constituição Federal de 1988 são direitos imanentes à pessoa, não a protegendo apenas contra ataques praticados pelo Estado, mas também contra ofensas praticadas por particulares.

Resta, portanto, superado o pensamento dicotômico das esferas protecionistas da pessoa – público e privado – até porque, cada vez mais se observa a interpenetração desses dois ramos do direito, havendo de um lado a publicização do direito privado e de outro, cada vez mais intensa, atividade privada do poder público, ficando cada vez mais difícil estabelecer fronteiras entre o direito público e o direito privado.

Por essa razão, sustenta-se que a proteção do sistema jurídico aos direitos imanentes da pessoa, em suas mais diversas expressões subjetivas, deve partir de toda a ordem jurídica, seja ela pública ou privada.

3. Identidade pessoal e sistema jurídico: tempo e espaço na proteção da pessoa

3.1. Identidade pessoal como valor contemporâneo

A inserção do homem concreto no centro da atenção do Direito Civil-Constitucional brasileiro, obtendo dele a tutela de direitos que lhe são imanentes e tendo como princípio norteador a dignidade da pessoa humana – artigo 1º, III, da Constituição Federal de 1988 – faz emergir uma nova garantia: o direito à identidade pessoal.

O Direito brasileiro contemporâneo manteve um elo com o paradigma da modernidade, mas, ao mesmo tempo, nega o moderno, rejeitando a sobrevida das características do sistema jurídico e dos valores da pessoa, neutros e abstratos, agasalhados por seu manto.

Na visão de Erik Jayme, as linhas e modelos do pensamento pós-moderno que contribuem na formação de uma nova ordem normativa são divididas em quatro: (a) a pluralidade das formas de vida (pluralismo), (b) a narração como prazer na descrição e na informação (narração), (c) a fuga da categoria, do igual, e (d) o retorno dos sentimentos.[116]

---
[116] JAYME, Erik. Visões para uma teoria pós-moderna do direito comparado. *Revista dos Tribunais*, São Paulo, v. 759, p. 24-40, jan. 1999.

O pluralismo assenta como valor básico da sociedade pós-moderna o reconhecimento da pluralidade dos estilos de vida e a negação a uma pretensão universal à maneira própria de ser. Na linguagem do Direito, o pluralismo significa ter à disposição alternativas, opções, possibilidades de adaptação e aceitação das antinomias em que possa estar envolvida a pessoa, destacando-se o estudo das diferentes intensidades do respeito dos Estados com relação às individualidades e aos costumes dos seus povos nativos, sendo a proteção da identidade cultural das minorias apenas um aspecto da maneira pós-moderna de ver, em que cada indivíduo pode pretender alcançar um direito a ser diferente.[117]

A modernidade e o racionalismo iluminista assentaram a concepção insular da pessoa, fundada no sujeito como razão, vontade e autoconsciência, capaz de querer, e com poder de realização a partir de sua autonomia individual, alicerçada no antropocentrismo e na subjetividade fechada.

De outro viés, na era contemporânea, o irracional pressiona para a superfície. De sua emersão surge uma nova concepção de pessoa e uma nova ética, ambas fundadas no homem como ser integrado à natureza, participante especial do fluxo vital que perpassa há bilhões de anos e cuja característica notável não está na razão e na vontade, ou na autoconsciência, mas sim, em outro rumo, inverso, na capacidade de o homem sair de si, reconhecer no outro um igual, usar a linguagem, dialogar e, ainda, principalmente, na sua vocação para o amor, como entrega espiritual a outrem, levando à compreensão de pessoa como qualidade de ser vivo, capaz de dialogar e chamado à transcendência.[118]

---

[117] Cf. JAYME, op. cit., p. 30.
[118] Azevedo alude, ainda, que "do início da vida na Terra até a projeção para o próximo, com o uso da linguagem, há um continuum (imanência). A abertura para o absoluto é potencial; para transformá-la em ato é preciso uma decisão fundamental, amar. Amar é a decisão fundamental que inventa a transcendência" (AZEVEDO, Antonio Junqueira. Caracterização jurídica da dignidade da pessoa humana. *Revista Trimestral de Direito Civil*, Rio de Janeiro, v. 9, p. 6, jan./mar. 2002).

A contemporaneidade é, também, tempo marcado por novos desafios lançados com o avanço da Engenharia Genética – o conjunto das técnicas que tendem a transferir para a estrutura da célula de um ser vivente algumas informações genéticas que, de outro modo, ele não teria tido – da Biotecnologia – toda técnica que utiliza organismos vivos ou suas partes para fazer ou modificar produtos, para aperfeiçoar plantas ou animais ou para desenvolver microorganismos para usos específicos – e da Bioética – ligada a valores e que pode ser definida como o estudo sistemático da conduta humana no âmbito das ciências da vida e da saúde, considerada à luz de valores e princípios morais.[119]

Outro avanço dessa ordem é o que resulta do mapeamento do genoma humano, que se consubstancia na descoberta da seqüência exata dos três bilhões de nucleotídeos que compõem os cem mil genes que constituem a planta coletiva dos seres humanos.

Os benefícios advindos da conclusão do projeto genoma humano são, segundo Elio Sgreccia, os seguintes: (a) identificar os genes responsáveis pelas doenças hereditárias e processamento de sua geneterapia; (b) criação de um arquivo internacional de todas as bases azotadas que compõem e representam o genoma humano; (c) a caracterização de alguns tipos, para uso criminológico ou de pesquisa de paternidade, ou, ainda, para reconhecer as predisposições à doença num determinado ambiente de trabalho.[120]

As conquistas e as descobertas na área da Engenharia Genética e da Biotecnologia representam novas exigências a todos que atingem: ao modo de trabalhar do cientista, ao ordenamento jurídico e suas normas, à responsabilidade do legislador, à proteção da pessoa. Aponta-se para o inter-relacionamento entre o fenômeno científico e o mundo jurídico, exigindo do Direito

---

[119] SGRECCIA, Elio. *Manual de bioética*. I - Fundamentos e ética biomédica. Tradução de Orlando Soares Moreira. São Paulo: Loyola, 1998. p. 43, 213, 234.
[120] Ibidem, p. 243-244.

contemporâneo outras e inovadoras respostas e aportes, antes inexistentes.[121]

Nesse rumo, o respeito à pessoa é fundamento do Estado Democrático de Direito, instaurado na contemporaneidade, e o postulado constitucional – dignidade da pessoa humana – é vetor de todo o sistema jurídico, envolva ele o espaço público ou o espaço privado, na preocupação de disciplinar as relações jurídicas oriundas da aplicação de tecnologias genéticas que interfiram na estrutura do ser humano.

Interligando-se os temas pessoa, engenharia genética e sistema jurídico, surge a temática da identidade pessoal como valor na nova ordem de idéias. Essa identidade parece dizer-se plural, num tempo em que, além de identidade pessoal, fala-se em identidade sexual, cultural, moral, política e, por que não, genética.

A identidade pessoal relaciona-se com as características pessoais do indivíduo, manifestando-se, nomeadamente, nas impressões digitais, no nome e no fato de aquele estar delimitado pelo corpo. Há marcas identitárias que tornam cada indivíduo único. Assim, a identidade pessoal tem a ver com o pressuposto de que o indivíduo pode ser diferenciado de todos os outros, traduzindo-se num processo de construção e configuração individuais e exclusivos do próprio indivíduo, lastreando, assim, a sua biografia.

A relação da identidade pessoal com o tempo pode ser entendida como um trabalho constante, num espectro de variações entre um pólo de *identidade-idem* (mesmidade) e de *identidade-ipse* (ipseidade), onde a

---

[121] A inserção de novas técnicas de Engenharia Genética passou a exigir um novo comportamento que se reflete na denominada interdisciplinaridade. Ela consiste em que as ciências – que passaram a ter sua atenção direcionadas, também, para este novo campo do conhecimento – devem contribuir com seu conteúdo próprio, permitindo um intercâmbio de informações e a correta compreensão dos fenômenos que decorrem da aplicação da Engenharia Genética. Daí o surgimento de novas terminologias como Biodireito, Biotecnologia jurídica, Direito Biológico, Direito Genético, para exprimir a idéia de conexão entre o Direito e a Genética. (*Cf.* ROSPIGLIOSI, Enrique Varsi. *Derecho genético*: principios generales. 3. ed. Peru: San Marcos, 1998. p. 34).

identidade-mesmidade pode ser caracterizada pela estabilidade que deriva dos hábitos, disposições e identificações adquiridas, identificando-se nos traços relativos ao caráter ou a tudo o que permite afirmar que se está diante da mesma pessoa, tais como as impressões digitais e as características genéticas. Tal identidade reconduz-se, nesse quadro, à identidade biológica, à continuidade entre as diferentes etapas de desenvolvimento e se expressa na permanência do código genético do indivíduo.

A identidade-ipseidade integra a alteridade, a necessidade de diálogo com o outro, a identidade desejada, o sujeito como autor de suas palavras e atos, não imutável, mas responsável pelo que diz. Esta permanência de si, que integra o outro, pode ser definida como o pólo ético do contínuo da identidade pessoal, da biografia de cada ser humano.[122]

Numa outra via, a identidade pessoal vincula-se à intimidade da pessoa, vista em três níveis de identificação, sendo o primeiro aquele que corresponde à identidade genética, ou seja, a constituição genética da pessoa. O segundo nível compreende a individualidade genética, que equivale à expressão fenotípica de uma pessoa em uma família, remontando aqui ao fato evidente por si mesmo de que o genoma individual não tem outra origem senão a fusão dos dois genomas dos pais. O terceiro nível, por sua vez, corresponde à integridade genética, pela qual se reconhece a esfera social da genética humana.[123]

Visualizada nas dimensões individual e relacional, consoante a concebe Paulo Otero,[124] o aspecto absoluto ou individual da identidade torna a pessoa um ser único, que apesar da igualdade com todos os demais na sua condição de ser humano, é dotado de uma irrepetibilidade natural, expressando por meio desta a caracte-

---

[122] RICOEUR, Paul. *Soi-même comme un autre*. Paris: Seuil, 1990. p. 140 *et seq.*
[123] ROSPIGLIOSI, *op. cit.*, p. 108-109.
[124] OTERO, Paulo. *Personalidade...*, *op. cit.*, p. 65-67.

rística da única e exclusiva personalidade física e psíquica, assente na inexistência de dois seres humanos iguais, tornando a pessoa única, original, sem cópia, irrepetível e insubstituível e traduzindo o direito natural à diferença de cada ser humano, resultando numa principal conseqüência: a total e absoluta proibição da clonagem humana.

Paralelamente à singularidade própria e exclusiva ordenada pela identidade pessoal absoluta ou individual, a identidade é definida em sua dimensão relativa ou relacional, significando a história ou a memória em que se encontra inserida a pessoa no confronto ou na co-relação com outras pessoas que, de forma mediata ou imediata, lhe deram origem. Esse chamamento pela origem trazendo à cena o outro – os genitores – revela o desdobramento crucial da identidade pessoal proporcionado por essa dimensão: (a) o surgimento do direito à historicidade pessoal ou do direito indisponível à verdade histórica, que envolve o direito de cada pessoa conhecer a forma como foi gerado, e (b) o direito de conhecer a identidade dos seus progenitores, na firme defesa de conceber a idéia de que todo ser humano tem o direito de saber quem são seus pais biológicos, podendo falar-se na existência de um direito à biparentalidade biológica ou no direito a uma filiação integral, o direito a um pai e a uma mãe.[125]

Inserida na identidade pessoal está a identidade genética, cuja idéia conceitual foi formulada pela Resolução nº 934, de 26 de janeiro de 1982, da Assembléia Parlamentar do Conselho da Europa, consagrando um "direito a um patrimônio genético não manipulado"[126] e

---

[125] *Ibidem*, p. 71-76.
[126] "Les droits à la vie et à la garantie humaine garantis par les articles 2 et 3 de la Convention européenne des Droits de l'Homme impliquent le droit d'héritier de caractéristiques génétiques n'ayant subi aucune manipulation . Tradução: ("Os direitos à vida e à garantia humana assegurados pelos artigos 2 e 3 da Convenção Européia dos Direitos do Homem implicam o direito de herdar as características genéticas que não sofreram nenhuma manipulação").

assentando a idéia de que um direito à identidade genética aponta para que o genoma humano não seja só inviolável, como também irrepetível e fruto do acaso, e não da heterodeterminação.

Nesse sentido, o artigo 1º da Declaração Universal sobre o Genoma Humano e Direitos Humanos, adotada pela Unesco, enuncia que "o genoma humano tem por base a unidade fundamental de todos os membros da família humana, assim como o reconhecimento de sua inerente dignidade e diversidade. Em um sentido simbólico ele é a herança da humanidade".[127]

O naturalismo preserva a individualidade genética do ser humano e, nesse sentido, exclui a possibilidade de que dois ou mais seres humanos possam ter a mesma constituição genética por meios artificiais, vedando a clonagem. Assim sendo, "o direito à identidade genética proíbe a identidade genética".[128]

Essa noção pode levar a uma visão reducionista do que seja a identidade pessoal de cada ser humano, pois a reduz à acepção genética da pessoa.

Muito embora a identidade genética revele-se como substrato fundamental da identidade pessoal – fundamental por se referir ao fato, até hoje evidente por si mesmo, de que o ser humano tem sua origem na fusão dos dois gametas dos seus progenitores – não é a idéia central deste estudo.

A questão da identidade genética põe-se na antesala desta tese, já que ela cogita da garantia, em nível jurídico, do substrato biológico da pessoa, o que não significa reduzir a reflexão ao patrimônio genético.

---

[127] "Article 1: The human genome underlines the fundamental unity of all members of the human family, as well as the recognition of their inherent dignity and diversity. In a symbolic sense, it is the heritage of humanity". (Universal Declarantion on the Human Genome and Human Rights, adotada unanimemente e por aclamação pela Conferência Geral da Unesco em sua 29ª sessão, de 11 de novembro de 1997).
[128] LOUREIRO, João Carlos Gonçalves. O direito à identidade genética do ser humano. *Boletim da Faculdade de Direito da Universidade de Coimbra*, Coimbra: Coimbra, n. 40, 1999, p. 290.

Parte-se da existência do patrimônio genético para alcançar a identidade pessoal e, em última análise, para atingir sua dimensão à historicidade pessoal,[129] que vem associada a uma exigência de integridade psíquica correspondente ao intangível, ao que não pode ser tocado, ao transcedental, ao metafísico, no plano normativo.

Nessa perspectiva, a contemporaneidade faz surgir nos espaços normativos do jurídico a tutela de um novo direito – a identidade pessoal.

No contexto europeu, o sistema jurídico de Portugal, Alemanha e França, garantidas as suas peculiaridades, são paradigmas do tema.

Em Portugal, o valor jurídico do reconhecimento da origem biológica para fins de ascender ao estado de filiação deu-se, também, em nível constitucional. O artigo 26 da Constituição Federal lusitana consagra que dentre os direitos, liberdades e garantias do cidadão português inclui-se o direito à identidade pessoal.

Na Alemanha, consagrou-se o direito ao conhecimento da ascendência genética como derivado do direito ao livre desenvolvimento da personalidade, consagrado pela Lei Fundamental germânica, em seu artigo 2º.

Também na França, no espaço infraconstitucional, a Lei nº 72, de 3 de janeiro de 1972, realizou sensível reforma no direito francês da filiação. Nela é possível constatar, dentre outros avanços, a conquista da revelação da ascendência genética como valor jurídico, contemplado na reforma como a *verdade da filiação,* que ao lado da igualdade entre filhos legítimos e ilegítimos, foi o segundo traço marcante da Lei de 1972. O sentido desse aspecto da reforma foi declarar que o vínculo jurídico da filiação coincida com o elo biológico, ou seja, que o pai de fato seja o pai de direito e que a mãe natural seja a mãe jurídica.[130]

---

[129] CANOTILHO, J.J.Gomes; MOREIRA, Vital. *Constituição da República Portuguesa anotada.* Coimbra: Coimbra, 1993. p. 179.
[130] CORNU, Gerard. La filiation. *Archives de philosophie du droit,* Paris, t. 20, p. 34, 1975.

No Brasil, o direito ao conhecimento da origem genética possui um caráter funcional, concebido como um direito subjetivo ordinário de alcançar o bem-estar econômico, o direito a alimentos, o direito de herança e o direito ao nome, não possuindo o perfil de direito fundamental da pessoa de conhecer sua progenitura, a exemplo do que se tem em Portugal e na Alemanha.

3.2. Busca da origem genética: direito da pessoa fortalecido pela pesquisa em DNA

Cada pessoa se vê no mundo em função de sua história, criando uma auto-imagem e identidade pessoal a partir dos dados biológicos inseridos em sua formação, advindos de seus progenitores.[131]

Surgem, aí, os personagens básicos da história de vida de todo ser humano, intensamente valorizados pela cultura: o pai e a mãe, que representam as bases da história pessoal de toda pessoa, e é a verdade sobre essa história que lhe dá o completo sentido de ser pessoa.

Conforme o modelo da civilização judaico-cristã, o "laço de sangue" é a semente que alimenta os elos das relações familiares.

O Cristianismo trouxe uma visão da criança como um dom de Deus, que a envia aos casais casados – de onde a família matrimonializada da codificação oitocentista – como prova de seu amor. É uma benção divina ter muitos filhos, dados, e, por vezes tomados, por Deus, em toda a sua onipotência. Toda criança deve ser protegida e respeitada como uma criança de Deus, e todas as condutas de contracepção são proibidas.[132]

Esse elo é revelado, na esfera da família cristã, pelo aspecto da hereditariedade, que ao lado da consangüini-

---

[131] A paternidade ora apontada é, essencialmente, a genética, muito embora se sustente que pai não é somente aquele que gera, mas aquele que cria, que dá amor.
[132] GUIDETTI, M. ; LALLEMAND, S. ; MOREL, M.F. *Enfances d'ailleurs, d'hier et d'aujour'hui*. Paris: Armand Colin, 1997. p. 111.

dade, compõem as bases da formação da identidade pessoal do ser humano.

Entende-se por hereditariedade a carga genética ligada, no seu aspecto exterior, às semelhanças físicas entre pais e filhos. Integra as expectativas dos pais a identificação nos filhos de alguma característica sua, como comprovação de que estão cumprindo um rito de continuidade, o que lhes dá uma sensação de terem cumprido sua missão e seu desejo de perpetuação. Nesse caso, a semelhança dos filhos com os pais produz nestes uma sensação de estarem desempenhando sua inquestionável função reprodutiva.

A busca pela semelhança, pela identificação de características físicas, psíquicas e espirituais é um empreendimento recíproco entre pais e filhos, existindo no psiquismo dos gerados a expectativa de identificação com o que lhe é similar nos geradores.

Esta similaridade advém, como já ressaltado neste estudo, de uma composição indissociável de fatores, genéticos e ambientais, sendo os primeiros o elemento fundante do ser humano, que permite um número infindável de combinações com os elementos que a pessoa encontra no seu ambiente e que incluem os processos e formas de educação de que ela dispõe. A convivência possibilita uma similaridade, dando condição aos filhos de se aproximarem da maneira de ser dos pais, como o jeito de falar, o vocabulário, hábitos, expressões corporais, enfim, os filhos assumem alguns estilos dos pais.

Essa vinculação com a origem é mais acentuada no caso de filhos que perdem o contato com os pais biológicos, ganhando, nestes casos, uma dimensão mais ampla e mais profunda. É o que ocorre na hipótese de adoção de crianças.

No processo de adoção, está-se provocando uma troca de personagens: o pai e a mãe. Essa troca de figuras humanas básicas da história individual do filho o faz buscar, sofregamente, a identificação de seu passado, seja para nele se visualizar, seja para poder romper com ele. Esse processo acontece mesmo à revelia dos pais adotivos que, muitas vezes, dificultam o trabalho da criança nessa busca dos pais biológicos, os quais representam a base de sua história pessoal. A Psicologia informa que esse fenômeno pode propiciar, inclusive, uma regressão de comportamento, isto é, uma tentativa de aparecer e ser vista como uma criança de menos idade. Essa regressão pode ser interpretada como um esforço de retornar à origem, como que buscando um novo nascimento para construir uma ligação com sua nova realidade familiar.

Na prática, o filho adotivo precisa viver o luto dos pais biológicos. Ele precisa deixar claro para si mesmo que houve uma transposição na sua história. Sem negar sua origem biológica, ele afirma sua ligação com os pais adotivos, com quem desenvolve uma relação parental de afeto.[133]

Para a Psicologia, as origens da criança adotada e o contar ou não contar para ela sobre a adoção talvez seja uma das maiores preocupações dos pais adotivos, pois temem não saber lidar com a questão da origem de seu filho. Não obstante tal dificuldade, recomendam os estudos na área da psicologia da adoção a importância de se revelar a história. Primeiramente, porque tal segredo dificilmente permanecerá oculto para sempre e, também, porque é inegável a existência da família biológica. Essa família faz parte da história do filho por adoção e não é recomendável ignorá-la. Os filhos adotados, por sua vez, revelam que têm desejo de conversar sobre essa

[133] Schettini Filho ressalta, neste contexto, que se o filho não vive esse processo de luto dos pais biológicos, podem surgir alguns problemas sérios de relacionamento. Por exemplo: quando a criança interpreta a mãe biológica como aquela que a rejeitou, que a abandonou, enfim, como a "mãe perversa", existe a tendência de projetar essa percepção naquela que a adotou. Esse fenômeno traz, como conseqüência, posições de confronto com a mãe adotiva, como se esta também fosse rejeitá-la. Isso explica parte das dificuldades nas relações interpessoais entre os filhos adotados e as mães adotivas. Por isso a necessidade de transposição na sua história. A mãe biológica deve "morrer" na sua história para dar lugar à mãe adotiva (SCHETTINI FILHO, Luiz. Compreendendo o filho adotivo. Recife: Bagaço, 1998. p. 156-157).

história com seus pais adotivos, não menosprezando a família biológica, mas sim, mostrando respeito por uma família ou por genitores que serão, sempre, a origem do filho por adoção.[134]

Essa necessidade de descoberta da origem, tão presente nos vínculos formados por adoção, provocou no sistema jurídico brasileiro, pelo enfoque da jurisprudência,[135] a expressão valorativa do direito de ter ciência de quem são os pais genéticos, correspondendo este a uma necessidade psicológica da pessoa adotada de conhecer os seus progenitores.[136]

Inegável, portanto, o fenômeno de ligação na relação filogenética entre filhos e pais. A ligação é um processo unidirecional que se inicia durante a gravidez e continua durante toda a existência. Nesse relacionamento único

---

[134] Weber lança mão na obra *Laços de ternura* de uma pesquisa em torno do tema da importância da revelação da origem ao filho por adoção e informa que 92% dos entrevistados afirmaram que preferem saber que são adotados. As razões são as mais diversas, dentre elas, "porque sou feliz sabendo disso"; "porque é minha vida, é minha realidade e porque é ruim viver na mentira"; "por uma questão de respeito e integridade psíquica"; "evita-se ser atacado pelas pessoas que querem agredir"; "não vejo motivo para não saber, pois o ser humano tem que encarar tudo de frente para poder crescer e ser alguém"; "não saber a verdade poderia ter economizado bastante crise, mas, sabendo a verdade pude encarar o assunto de frente e ter a minha opinião sobre o assunto e eu acho que o principal foi a formação da minha personalidade" (WEBER, Lídia Natalia Dobrianskyj. *Laços de ternura*: pesquisas e histórias de adoção. 2. ed. Curitiba: Juruá, 1999. p. 129-131).

[135] Sob o enfoque legislativo, o Código Civil de 1916 expressa, em seu artigo 378, que "os direitos e deveres que resultam do parentesco natural não se extinguem pela adoção, exceto o pátrio poder, que será transferido do pai natural para o pai adotivo". O novo Código Civil brasileiro, em seu artigo 1.625, expressa que "a adoção atribui a situação de filho ao adotado, desligando-o de qualquer vínculo com os pais e parentes consangüíneos, salvo quanto aos impedimentos para o casamento".

[136] É o seguinte julgado: "Adoção. Investigação de paternidade. Possibilidade. Admitir-se o reconhecimento do vínculo biológico de paternidade não envolve qualquer desconsideração ao disposto no artigo 48 da Lei n. 8.069/90. A adoção subsiste inalterada. A lei determina o desaparecimento dos vínculos jurídicos com os pais e parentes, mas, evidentemente, persistem os naturais, daí a ressalva quanto aos impedimentos matrimoniais. Possibilidade de existir, ainda, respeitável necessidade psicológica de se conhecer os verdadeiros pais. Inexistência, em nosso direito, de norma proibitiva, prevalecendo o disposto no artigo 27 do ECA". (BRASIL. Superior Tribunal de Justiça, Recurso Especial n. 127.541/RS, Relator Ministro Eduardo Ribeiro, j. 10/04/2000, DJU 28/08/2000).

co-existem origem, ascendência genética, dois seres que contribuíram na formação de um novo ser, transmitindo a este metade de suas características genéticas e identificando o filho como seu, sob o aspecto biológico.

Na verdade, parece claro que toda pessoa tem um sentimento de desvelar o imaginário que decorre da origem de sua existência e, a todo tempo, está se questionando sobre quais as razões de inúmeras características apresentadas no curso de sua vida. Algumas identificadas em seus progenitores – a razão, então, é genética –, outras, adquiridas pelo ambiente em que foi ou está sendo criada – a justificativa é a educação e a orientação que recebeu de seus progenitores.

Não é possível, então, a negação do conhecimento da origem a todo e qualquer ser humano: ela existe e faz parte da história individual de cada homem que nasce, contribuindo para a perpetuação da espécie humana e da continuidade da vida no planeta Terra, construindo a inesgotável história da Humanidade.

O passado sempre existe, mesmo que não tenha sido revelado ao filho.

Nesse aspecto, é possível que um filho desconheça sua origem, seus progenitores, seu pai biológico ou sua mãe biológica. Pode-se, então, hodiernamente, tanto pelo mecanismo ofertado pelo sistema jurídico – ações de estado, que são procedimentos judiciais destinados a dirimir as controvérsias relativas ao *status personae*, e, especialmente, no estudo da filiação, o *status* de filho – quanto pelo avanço na área da Engenharia Genética com a descoberta do DNA, buscar a revelação da origem, alcançando uma certeza científica de resultado.

Sem considerar menos relevante o estudo da origem materna na atualidade, cuja máxima romana *mater semper certa est* significou por longo tempo a certeza da maternidade evidenciada por sinas exteriores, como a gestação e o parto, mas que na atualidade tem sido objeto de reflexões na seara do direito por influência dos avanços biotecnológicos oriundos da procriação artificial, que impulsionaram a criação do que se denomina *gestação por outrem*,[137] o objeto desse estudo faz um recorte na biparentalidade para focar a atenção na busca do estado de filiação em relação à paternidade, a partir de uma maternidade já certa e estabelecida, alcançando a pessoa o seu *status* de filho, integralmente.

É do direito do filho que trata essa tese – a busca da identidade pessoal na figura do progenitor masculino, possibilitada pelo Direito por meio ações de investigação de paternidade.[138]

Não se vai explorar também, com as reflexões ora propostas, o direito do pai à descendência biológica, que legitima as demandas negatórias de paternidade por parte do marido da mãe – presunção *pater is est*, que descobre não ser o pai biológico do filho concebido na constância do seu casamento, ou de anulação de registro civil por parte do pai registral, que não é o pai biológico do filho registrado em seu nome, para as hipóteses de erro ou falsidade no assento de nascimento,[139] conforme

---

[137] A propósito do tema, ver MEIRELLES, Jussara. *Gestação por outrem e determinação da maternidade*: "mãe de aluguel". Curitiba: Gênesis, 1998. A autora destaca que "a gestação por outrem vem romper a configuração tradicional da família, consagrada culturalmente sob a égide desse secular princípio *mater semper certa est* ('a mãe é sempre certa'). No uso da aludida técnica é possível apresentarem-se duas ou até mesmo três mulheres que, de uma forma ou de outra, participam do processo referente à maternidade: a 'mãe genética', com o óvulo; a 'mãe biológica', com o útero; e a 'mãe social', cuja intenção deu o impulso necessário a se desencadear todo o procedimento. De maneira que já não é tão simples afirmar a certeza da maternidade. No entanto, a legislação estrangeira já existente sobre o assunto demonstra, em sua flagrante maioria, que a maternidade deva ser atribuída àquela que deu a luz. Reafirma-se, com esse posicionamento assumido em diversos países, o critério tradicionalmente reconhecido segundo o qual a maternidade é determinada pelo parto e respectiva identidade do recém-nascido. Em outras palavras, se a criança é, de fato, nascida de uma determinada mulher, mãe é ela, a parturiente. (...) Daí se conclui que o secular princípio *mater semper certa est* (a mãe é sempre certa) ainda norteia a determinação da maternidade, através do fato certo que é a gravidez do parto" (p. 100-101).

[138] Ressalte-se que o direito à revelação da origem compreende também a busca da maternidade genética, por meio da ação de investigação de maternidade, conforme prevêem os artigos 356 do Código Civil de 1916 e 1.608 do Código Civil de 2002.

[139] Sobre o tema das demandas referidas neste parágrafo, ver TEPEDINO, Gustavo. A disciplina jurídica da filiação na perspectiva civil-constitucional. In: ——. *Temas de Direito Civil*. Rio de Janeiro: Renovar, 1999. p. 399 *et seq.*

prescrevem os artigos 344 e 348 do Código Civil brasileiro de 1916 e os artigos 1601 e 1604 do novo Código Civil,[140] ou ainda, as ações de reivindicação de paternidade biológica, por parte de quem se considera geneticamente o ascendente de filho registrado em nome de outrem.[141]

Como mecanismo de alcance do *status* de filho, na ausência de identificação no registro de nascimento da filiação paterna, o sistema jurídico lança mão das ações de investigação de paternidade para o reconhecimento forçado do elo biológico entre o filho e o "suposto pai".

Diferentemente do que ocorre com a maternidade, a paternidade não tem caracteres exteriores ou sinais concludentes, devendo ser investigada quando voluntariamente não é reconhecida.

A possibilidade de revelação da origem paterna refletiu tanto no Brasil quanto na Europa ocidental uma história de conquistas dos filhos vindos ao mundo sem conhecer seu progenitor.

---

[140] "Artigo 344. Cabe privativamente ao marido o direito de contestar a legitimidade dos filhos nascidos de sua mulher (art. 178, § 3º.)"; "Artigo 348. Ninguém pode vindicar estado contrário a que resulta do registro de nascimento, salvo provando-se erro ou falsidade do registro". "Artigo 1.601. Cabe ao marido o direito de contestar a paternidade dos filhos nascidos de sua mulher, sendo tal ação imprescritível". "Artigo 1.604. Ninguém pode vindicar estado contrário a que resulta do registro de nascimento, salvo provando-se erro ou falsidade de registro" (CÓDIGO Civil comparado. São Paulo: Saraiva, 2002).

[141] A propósito, o seguinte julgado do Supremo Tribunal Federal: "DNA: submissão complusória ao fornecimento de sangue para a pesquisa do DNA. Precedente do STF que libera do constrangimento o réu em ação de investigação de paternidade. Deferimento, não obstante, do HC na espécie, em que se cuida de situação atípica na qual se pretende – de resto, apenas para obter prova de reforço – submeter ao exame o pai presumido, em processo que tem por objeto a pretensão de terceiro de ver-se declarado o pai biológico da criança nascida na constância do casamento do paciente". No relatório do ministro relator extrai-se a seguinte passagem ilustrativa do fato jurídico em questão: "Pai presumido de menor nascido na constância de seu casamento, o paciente responde a 'ação ordinária de reconhecimento de filiação c/c retificação de registro', movida por terceiro, que se pretende pai biológico do infante". (BRASIL. Supremo Tribunal Federal, Habeas Corpus n. 76060-4-SC, relator ministro Sepúlveda Pertence, j. 31/03/1998, DJU 15/05/1998).

O ordenamento jurídico pátrio e os sistemas jurídicos de França, Portugal, Alemanha, Suíça e Bélgica[142] demonstram a construção de uma história revelada pelo tempo – um tempo de alijar o ranço da discriminação entre os nominados secularmente de filhos legítimos e ilegítimos, e enaltecer o interesse maior da filiação, que é a proteção integral à pessoa do filho, já que, no dizer de Marie-Thérèse Meulders-Klein, "no plano jurídico, o estabelecimento da filiação é a chave de todos os direitos".[143]

É pelo vínculo jurídico da filiação que, *a priori* e classicamente, se estabelece o elo de ligação entre um filho e seus pais, reconhecendo a ordem jurídica a importância da filiação como conceito fundamental no Direito de Família. Todas as regras sobre parentesco consangüíneo estruturam-se a partir da noção de filiação, a qual é o ponto de partida das normas jurídicas concebidas como fundamentais em relação ao cuidado e à responsabilidade para com os menores (poder parental) e pelos menores (responsabilidade civil).[144]

O vínculo genético é a caracterização básica e qualificação primeira da pessoa para adentrar ao *status* de filho – de um pai e de uma mãe, tornando-se a verdade biológica um primado no estabelecimento dos vínculos de filiação.

Tal primado, todavia, tem sido objeto de mitigação, sendo matizado pelo incremento de uma filiação essencialmente de afeto, ao lado da filiação biológica.

No Brasil, João Batista Villela mescla os vínculos de filiação para asseverar que ao lado da paternidade

---

[142] Sobre a evolução dos sistemas jurídicos referidos, ver FACHIN, Luiz Edson. *Estabelecimento da filiação e paternidade presumida*. Porto Alegre: Sergio Fabris, 1992 ; SCHLÜTER, Wilfried. *Código Civil alemão*: direito de família. Porto Alegre: Sérgio Fabris, 2002 ; PEREIRA, Caio Mário da Silva. *Reconhecimento de paternidade e seus efeitos*. 5ed., Rio de Janeiro: Forense, 1997; TEPEDINO, Gustavo. A disciplina...., *op. cit.*
[143] MEULDERS-KLEIN, Marie-Thérèse. La réforme du droit de la filiation en Belgique: analyse du projet n. 305. *Revue Trimestrielle de Droit Familial*, Bruxeles, n. 1, p. 10, 1979.
[144] OLIVEIRA, José Lamartine Corrêa de; MUNIZ, Francisco José Ferreira. *Direito de família*: direito matrimonial. Porto Alegre: Sérgio Fabris, 1990. p. 37.

biológica surge a relevância do que se convencionou chamar de paternidade socioafetiva.[145] Villela salienta que a característica humana, no rigoroso sentido do termo, não se consubstancia, simplesmente, nos fenômenos biológicos que vão da concepção ao nascimento, mas sim, no ato de liberdade humana consistente no amor e na acolhida de um novo ser, existindo ou não vínculos biológicos.[146]

Não obstante o relevo dessa consideração, a perspectiva ora invocada neste estudo centraliza-se na pessoa que busca inserir-se na qualificação de *status* de filho biológico, independentemente de fatores socioafetivos, os quais moldam, muitas vezes, os vínculos entre pais e filhos.

Trata-se do direito à biparentalidade genética. Ora, se é inegável que na formação fundante de um novo ser humano há a participação, indissociável, de dois gametas – o masculino e o feminino – quando do nascimento desse novo ser tais gametas devem ser identificados – o espermatozóide é de X e o óvulo é de Y, onde X é o pai genético e Y é a mãe genética.

Essa identificação é valor indisponível na esfera personalíssima do ser humano, na formação de sua integridade psíquica, na sua história de vida, no que se pode definir como herança genética.[147]

---

[145] Sobre o tema, ver PEREIRA, Sérgio Gischkow. Algumas considerações sobre a nova adoção. Revista dos Tribunais, v. 682, p. 62-70, ago./1992; FACHIN, Luiz Edson. Da paternidade: relação biológica e afetiva. Belo Horizonte: Del Rey, 1996; BOEIRA, José Bernardo Ramos. Investigação de paternidade: posse de estado de filho. Paternidade socioafetiva. Porto Alegre: Livraria do Advogado, 1999 e NOGUEIRA, Jacqueline Filgueras. A filiação que se constrói: o reconhecimento do afeto como valor jurídico. São Paulo: Memória Jurídica, 2001.
[146] VILLELA, João Batista. Desbiologização da paternidade. Revista da Faculdade de Direito da Universidade Federal de Minas Gerais, n. 21, maio, 1979.
[147] Neste sentido, Drauzio Varella afirma que na célula-ovo que deu origem a cada pessoa, reuniram-se os 30 mil genes característicos da espécie humana: metade chegou com o espermatozóide, e outra os aguardava no óvulo da mãe. Neles, os genes maternos formaram pares com os paternos, ordenadamente, para codificar, uma por uma, todas as características responsáveis pela constituição do ser humano. Ao se preparar para a primeira divisão da vida, essa célula primordial tratou de copiar os 30 mil pares de genes para

O deflagrar desse direito à identidade pessoal na formação da integridade físico-psíquica da pessoa foi acentuado pelos avanços científicos em matéria de Engenharia Genética, em particular a descoberta do exame pericial em DNA, pelo qual se reputa determinada paternidade com confiabilidade absoluta.[148]

Nos termos do artigo 3º, inciso II, da Lei n. 8.974, de 5 de janeiro de 1995, "ácido desoxirribonucleico (ADN) – é material genético que contém informações determinantes dos caracteres hereditários transmissíveis à descendência".[149]

O advento da tipagem de DNA (*DNA Fingerprinting ou Impressões Digitais do DNA*) ocasionou uma evolução inequívoca na descoberta da origem biológica, podendo ser considerado hoje como o mais poderoso elemento esclarecedor da verdade a serviço dos juízes e profissionais ligados à área do Direito de Família. Isso porque, com ele, tornou-se possível não só estabelecer com alto grau de precisão a identidade genética das pessoas, como também determinar sua genealogia.

O avanço trazido pelos estudos científicos do método DNA representou a entrada em cena de questões práticas relacionadas ao ser humano, dentre as quais cita-se a de que cada pessoa pode ser considerada individualmente por meio de sua tipagem de DNA,

---

dividi-los em dois pacotes iguais: um para cada célula-filha. Estas, sucessivamente, fizeram novas cópias dos 30 mil genes e se dividiram quatro, oito, dezesseis, trinta e duas, vezes, e, assim, até chegar aos setenta bilhões de células do organismo adulto, contendo cada uma delas o pacote completo de instruções armazenadas nos trinta mil genes que se herdam dos pais. (*Folha de São Paulo*, 1 jun.2002, p. E 10).

[148] Defensor deste dogma PENA, Sérgio Danilo. Engenharia genética – DNA: a testemunha mais confiável em determinação de paternidade. In Repensando o direito de família. In: CONGRESSO BRASILEIRO DE DIREITO DE FAMÍLIA, 1., 1999, Belo Horizonte. *Anais do...* Belo Horizonte: Del Rey, 1999. p. 343-352.

[149] Esta lei regulamenta os incisos II e V do § 1º do artigo 225 da Constituição Federal de 1988, estabelece normas para o uso das técnicas de engenharia genética e liberação no meio ambiente de organismos geneticamente modificados, autoriza o Poder Executivo a criar, no âmbito da Presidência da República, a Comissão Técnica Nacional de Biossegurança, e dá outras providências.

sendo possível reconhecer o seu padrão nos ascendentes e descendentes.

O DNA situa-se no núcleo de todas as células do corpo humano, apresentando semelhanças típicas entre pessoas biologicamente relacionadas. Isto se deve ao fato de que sempre parte do DNA de um indivíduo é herdado de seu pai biológico e outra parte é herdada de sua mãe biológica.

Por isso o DNA funciona como uma marca registrada da herança genética das pessoas e, como detentor da bagagem hereditária de todos os seres, é natural que venha a ser o melhor recurso para o esclarecimento definitivo de paternidades nebulosas.

Diante dessas constatações, a técnica do DNA assumiu um valor diferenciado das outras técnicas de conhecimento científico da verdade biológica até então conhecidas e utilizadas (sistemas eritrocitários e HLA), justamente em razão da propriedade intrínseca e singular do ácido desoxirribonucléico.

Transportando tal constatação científica para a questão da busca da ascendência biológica, as evidências conferidas pelo teste em DNA podem servir para excluir um homem de ser o pai biológico de determinado indivíduo, ou, se este homem não for excluído, servir como base para calcular a probabilidade de que ele realmente seja o pai biológico.

A determinação da paternidade pelo teste em DNA pode variar de 99,99% a 99,9999%, ou seja, quando um possível pai não é excluído, a evidência pode ser fortíssima de que ele realmente seja o pai biológico da criança.[150]

O exame pericial em DNA é, via de regra, realizado com o trio mãe, filho e suposto pai. Todavia, esta técnica pericial é tão versátil ao ponto de se poder realizá-la mesmo quando um dos membros-chave a ser analisado

---

[150] RASKIN, Salmo. *Manual prático do DNA para investigação de paternidade.* Curitiba: Juruá, 1999. p. 8.

(mãe ou suposto pai) não estejam disponíveis, por falecimento ou por outro motivo.

Esses são os denominados "casos deficientes", cuja probabilidade de paternidade poderá atingir 99,99% de segurança no resultado.[151] Pode-se realizar exame em DNA com a presença do filho e do possível pai e, no caso de este ser falecido, a perícia pode ser feita utilizando-se o DNA de ambos os possíveis avós paternos ou, na falta destes, os filhos, viúva e irmãos do investigado.[152]

Ainda é possível realizar o exame pericial em DNA através da exumação de cadáver, nos casos em que o investigado falecido não deixou descendentes ou ascendentes para análise comparativa com o investigante e sua mãe. O teste pode ser feito, também, antes do nascimento da criança, através da análise do líquido amniótico ou das vilosidades coriônicas da placenta, ao redor do início do quarto mês de gestação.[153]

O DNA é extraído, em geral, do sangue. Pode-se, no entanto, extrair DNA da raiz do cabelo, dos ossos, do sêmen, da saliva, dos músculos, da urina. Porém, o sangue é o preferido porque sua coleta é relativamente simples, sendo que as células vermelhas do sangue (hemácias) não servem como fonte de DNA, pois não possuem núcleos e, portanto, não possuem DNA, que está localizado no núcleo das células brancas.

No que se refere à técnica desse exame pericial, extraído o DNA das pessoas envolvidas, o da mãe e o do filho são analisados primeiro. Como o filho herda apenas parte do material genético de sua mãe, a comparação deve mostrar uma coincidência entre a mãe e a criança para apenas um dos seguimentos. Sabendo-se qual parte do DNA da criança veio da mãe, indica-se

---

[151] *Idem*.
[152] JOBIM, Luiz Fernando; JOBIM, Maria Regina; BRENNER, Charles. Identificação humana pelo DNA: investigação de paternidade e análise de casos forenses. In: TOCHETTO, Domingos (Org.). *Identificação humana*. Porto Alegre: Sagra Luzzatto, 1999. p. 263-266.
[153] RASKIN, *op. cit.*, p. 43.

automaticamente que porção de DNA ela deve ter obrigatoriamente herdado do pai biológico. Este, por sua vez, tem seu DNA comparado com a peça paterna obrigatória do filho e, havendo a paridade em diversos segmentos do material genético, resultará na conclusão positiva da paternidade.[154]

Nesse caso, é necessário ter uma estimativa quantitativa da evidência em favor da paternidade apontada pelo resultado da análise dos marcadores genéticos, que é o chamado Índice de Paternidade, que pode ser convertido em um resultado de probabilidade de paternidade, podendo alcançar resultados precisos entre 99,99% a 99,9999%.[155]

O avanço científico permite concluir que os testes de paternidade em DNA mostram se o suposto pai possui ou não a peça obrigatória, o que resultará em inclusão ou exclusão da paternidade.[156]

---

[154] Idem, p. 28.
[155] Cf. PENA, Sérgio Danilo. Determinação de paternidade pelo estudo direto do DNA: estado da arte no Brasil. In: TEIXEIRA, Sálvio de Figueiredo. (Org.) Direitos de família e do menor. Belo Horizonte: Del Rey, 1993. p. 250, "...o índice de paternidade é formalmente uma razão de verossimilhanças (likelihoods) L=X/Y, onde X é a verossimilhança que o possível pai seja o pai biológico da criança e Y é a verossimilhança que um indivíduo aleatório da população seja o pai biológico. Simplificando, L mede quantas vezes é mais provável a paternidade do possível pai em comparação com a de outro indivíduo qualquer. (...) O Índice de Paternidade pode ser convertido em uma Probabilidade de Paternidade usando uma metodologia estatística chamada de Teorema de Bayes. Entretanto, para que isso possa ser feito, é necessário ter uma probabilidade a priori de que o possível pai seja o pai biológico. Como o próprio nome diz, essa probabilidade a priori depende das condições específicas da história do caso e tem caráter subjetivo. A maior parte dos laboratórios de determinação de paternidade convencionou utilizar sempre uma probabilidade a priori de 50%".
[156] Nesta linha, RASKIN, op. cit., p. 28, afirma que "se o suposto pai possui esta peça em uma das localizações específicas, o indivíduo será considerado pai biológico em potencial; se tiver estas peças em todas as localizações específicas estudadas, será considerado, sem sobra de dúvida, pai biológico. Para excluir um indivíduo de ser o pai biológico, é preciso demonstrar que ele não tem a peça paterna obrigatória em um mínimo de 2 pontos situados em cromossomos diferentes. Se em pelo menos 2 dias diversas regiões analisadas a peça paterna obrigatória do filho não bater com nenhuma das peças do suposto pai, este certamente não é o pai biológico".

Na prática, tomadas as devidas precauções no controle de qualidade do teste,[157] o exame em DNA é cientificamente seguro na descoberta da origem biológica. Um resultado de exclusão significa com 100% de certeza que o suposto pai não é o pai biológico. Um resultado de inclusão vem acompanhado da probabilidade de que o suposto pai seja o pai biológico, resolvendo a disputa judicial.[158]

3.3. Direito à identidade pessoal como princípio constitucional

O sentido do direito à identidade pessoal é o de garantir a revelação da marca genética, que caracteriza a pessoa como ser humano ou indivíduo singular e único, trazendo consigo o direito ao nome e à historicidade pessoal.

O sistema jurídico consagra a identidade pessoal como direito subjetivo da pessoa, centro das preocupações da ciência jurídica na contemporaneidade, proporcionando, ainda, mecanismos garantidores de seu alcance efetivo.

---

[157] Este é um alerta feito por TRACHTENBERG, Anete. O poder e as limitações dos testes sangüíneos na determinação de paternidade. *AJURIS*, n. 63, p. 324, mar., 1995, quando refletiu acerca do poder e das limitações dos testes sangüíneos na determinação da paternidade. Ponderou que "a realidade dos países desenvolvidos vem mostrando uma necessidade urgente de normatização das técnicas e regulamentação dos laboratórios forenses no Brasil. (...) Um trabalho produzido pelo U.S.Congress Office of Tecnology Assessment (1990) concluiu que identificações baseadas em DNA eram cientificamente válidas desde que a tecnologia utilizada fosse apropriada e controles de qualidade implementados. (...) Observando-se os questionamentos das sociedades internacionais, verifica-se uma preocupação idêntica de alguns juristas e cientistas brasileiros. No início, nos EUA ninguém questionava a tecnologia do DNA ou a qualidade dos exames. Atualmente, o credenciamento dos laboratórios forenses nos EUA está sob controle do FBI, que introduziu uma técnica padrão nacional para obter resultados comparáveis entre eles. (...) É preciso tempo e experiência para se fornecer bons resultados. Os técnicos do laboratório precisam ganhar experiências e avaliar seus próprios resultados. O erro pode ser reduzido ao mínimo. Por isto, a formação dos técnicos é de extrema importância. As suas responsabilidades ultrapassam os limites estritos de realizar, interpretar e apresentar corretamente os resultados de um exame".
[158] RASKIN, *op. cit.*, p. 14.

Essa consagração revela uma alteração no núcleo central de preocupação do Direito de Família, que deixa de priorizar o casamento e a família dele oriunda como instituição e passa a dedicar-se à pessoa e a seus valores e direitos fundamentais, essenciais, imanentes, como o direito de conhecer sua origem biológica paterna.

Fala-se em um tempo de grande influência do Direito Público e dos direitos fundamentais do cidadão em todos os ramos do Direito Privado, e também no Direito de Família.[159]

O direito ao conhecimento da progenitura paterna tem sua nascente na órbita do direito de família, posto ser nessa seara que se encontram as regras aplicáveis às relações oriundas do casamento ou do parentesco – consangüíneo ou civil.

Não obstante tal previsão revelar-se em um mecanismo do sistema jurídico na órbita privada, destinado à concretização do direito subjetivo da pessoa de conhecer seu ascendente genético, o tema da descoberta do *status* de filho alcançou, na contemporaneidade, emanações relevantes e, sem dúvida, a mais expressiva delas foi a consagração do direito à identidade pessoal destacar-se como direito fundamental expresso em Textos Constitucionais europeus e em documentos internacionais.

Tal fato atribui uma nova vitalidade ao direito subjetivo em questão, desencadeada por uma perspectiva sistemática e teleológica de toda a ordem jurídica, reveladora do horizonte constitucionalizado do Direito

---

[159] Neste sentido, alude FACHIN, Luiz Edson. *Curso de Direito Civil*: elementos críticos do direito de família. Rio de Janeiro: Renovar, 1999. p. 42-43, estar-se vivendo um momento de publicização do direito de família, desencadeando uma reestruturação dos direitos individuais clássicos, hoje influenciados pela teoria dos direitos fundamentais, garantidos constitucionalmente. Diz Fachin que "não se trata mais, tão-só, da liberdade de encetar um projeto parental. Sob a ótica dos filhos, consiste, isso sim, num direito básico de ter família e crescer num ambiente digno e sadio, ao menos o atendimento de suas necessidades fundamentais: habitação, saúde e educação. O privado não é mais o direito das relações 'domésticas' da família, e o público não é mais, apenas, o direito que diz respeito ao Estado e ao político".

Civil, em especial do livro de família, concebendo uma relação interativa entre as regras de Direito Privado e os princípios do Direito Público, aqui em análise, do Direito Constitucional, que, na lição de Luis Roberto Barroso, "têm maior caráter de abstração e uma finalidade mais destacada dentro do sistema. Os princípios são comandos de otimização e sua realização deve se dar da forma mais ampla possível, admitindo, entretanto, aplicação mais ou menos ampla de acordo com as possibilidades jurídicas existentes, sem que isso comprometa sua validade".[160]

A perspectiva sistemática é vetor do processo interpretativo do sistema jurídico. Tal assertiva leva em conta que o direito objetivo não se consubstancia em um aglomerado aleatório de dispositivos legais, mas sim, em um organismo jurídico ou um sistema de preceitos coordenados ou subordinados, que convivem harmonicamente. Por meio da interpretação sistemática, o intérprete situa o dispositivo a ser interpretado dentro do contexto normativo geral e particular, estabelecendo as conexões internas que enlaçam as normas jurídicas.[161]

A interpretação teleológica prima pelo espírito e finalidade das normas, procurando revelar o valor ou o bem jurídico visado pelo ordenamento com a edição de dado preceito.[162]

---

[160] Ressalta Barroso ser importante assinalar que já se encontra superada a distinção que outrora se fazia entre norma e princípio. Diz Barroso: "A dogmática moderna avaliza o entendimento de que as normas jurídicas, em geral, e as normas constitucionais, em particular, podem ser enquadradas em duas categorias diversas: os princípios e as regras. Estas últimas têm eficácia restrita às situações específicas às quais se dirigem. Já os princípios têm, normalmente, maior teor de abstração e uma finalidade mais destacada dentro do sistema. Inexiste hierarquia entre ambas as categorias, o que não impede, todavia, que princípios e regras desempenhem funções distintas dentro do ordenamento" (BARROSO, Luis Roberto. A segurança jurídica na era da velocidade e do pragmatismo. (Reflexões sobre direito adquirido, ponderação de interesses, papel do Poder Judiciário e dos meios de comunicação). In: ———. *Temas de Direito Constitucional*. Rio de Janeiro: Renovar, 2001. p. 66).
[161] BARROSO, Luís Roberto. *Interpretação e aplicação da Constituição*. 3. ed. São Paulo: Saraiva, 1999. p. 134.
[162] *Ibidem*, p. 137.

Tais perspectivas peermitem a abertura de um novo olhar ao sistema jurídico, propiciando que na busca da incessante proteção integral da pessoa em seus direitos essenciais – porque fundamentais à sua existência digna – busquem-se aportes em outras searas do próprio Direito e de outras ciências.

É deste novo olhar para o sistema jurídico que eclode o direito à identidade pessoal, fortalecido pela ascensão da verdade biológica promovida pelas pesquisas na área da Engenharia Genética. Esse direito busca garantir à pessoa o estabelecimento da sua origem biológica como ponte para ascender ao *status* de filho e fundar sua ampla personalidade como pessoa, constituída de uma organização dinâmica a partir de características inatas que surgem no momento de sua concepção e que a acompanham por toda a vida.

No âmbito do direito internacional, o artigo 7º da Convenção dos Direitos da Criança das Nações Unidas – Resolução nº 44/25, de 20 de novembro de 1989, consagrou o interesse superior da criança de ver estabelecida a sua filiação, recebendo a conotação de um valor básico a ser protegido pelo sistema jurídico.[163]

A Convenção dos Direitos do Homem e da Biomedicina, aprovada pelo Conselho da Europa, estabelece no seu artigo 1º a obrigação de proteger "a dignidade e a identidade de todos os seres humanos" e de garantir "o respeito pela sua integridade e pelos outros direitos e liberdades fundamentais face às aplicações da biologia e da medicina".

Ademais, a Declaração Universal do Genoma Humano e dos Direitos Humanos, em seu artigo 1º, consagra que "o genoma humano é a base da unidade fundamental da família humana e do reconhecimento da sua dignidade e diversidade intrínsecas".

---

[163] "Artigo 7º. A criança é registrada logo após o seu nascimento e tem desde então o direito a um nome, o direito a uma nacionalidade e, na medida do possível, o direito de conhecer seus pais e ser educada por eles".

No âmbito do Direito Constitucional, Alemanha e Portugal situam no princípio da dignidade da pessoa humana, pilar fundamental que assegura a unidade de sentido da Constituição Federal, em geral, e dos direitos fundamentais, em especial, o direito à identidade pessoal, consagrando-o como direito essencial à existência digna da pessoa e imanente à sua condição de ser humano.

A Lei Fundamental germânica, aprovada em Bonn em 23 de maio de 1949, representou uma oposição ao totalitarismo nacional-socialista do passado e um resgate dos direitos fundamentais da pessoa humana, compreendidos como direitos imanentes a todo e qualquer ser humano, alicerçados novamente em noções jusnaturalistas que redesenharam o conceito de pessoa, após os terríveis acontecimentos gerados pela consagração do organicismo e pela ruptura totalitária na Alemanha, que ocasionou o fim dos direitos humanos.[164]

Essa renovação, primando pelo resgate dos valores da pessoa, abarcou o tema da proteção constitucional atinente à revelação da ascendência genética. Sua consagração como direito fundamental é fruto de uma produção incessante de reflexões do Tribunal Constitucional Alemão (*Bundesverfassungsgericht - BVerfG*) em torno do tema, instalado no pós-guerra em 12 de março de 1951.

O *BVerfG*, previsto nos artigos 92 e seguintes da Constituição alemã, impõe-se como uma instituição chave do novo sistema constitucional germânico, nos moldes de uma jurisdição constitucional efetiva.[165]

Foi no espaço público do Direito Constitucional germânico, retomando a ciência jurídica a noção ética de personalidade da pessoa, que se redesenhou a proteção dos direitos fundamentais e, em especial nesse estu-

---

[164] LUDWIG, Marcos de Campos. O direito ao livre desenvolvimento da personalidade na Alemanha e possibilidades de sua aplicação no direito privado brasileiro. In: MARTINS-COSTA, Judith. (Org.) *A reconstrução do direito privado*. São Paulo: Revista dos Tribunais, 2002. p. 286-287.
[165] MENDES, Gilmar Ferreira. *Jurisdição constitucional*: o controle abstrato de normas no Brasil e na Alemanha. São Paulo: Saraiva, 1996. p. 11.

do, a proteção ao direito de revelação da ascendência genética. A consagração desse direito não é textualmente prevista na Lei Fundamental alemã, mas emana da conjugação de dois direitos fundamentais expressos no Texto Constitucional (GG): o artigo 1º, (1) – que concebe a proteção da dignidade do homem como direito intangível – e o artigo 2º, (1) – que consagra o direito ao livre desenvolvimento da personalidade.[166]

O reconhecimento constitucional desse direito foi dado pelo *BVerfG* em decisão histórica datada de 31.1.1989, ao asseverar que o direito ao conhecimento da própria ascendência se estende além dos contornos jurídicos estabelecidos pelo Código Civil alemão (BGB),[167] que prevê as regras para o reconhecimento judicial da paternidade.[168]

O *BVerfG*, na avaliação dos dispositivos constitucionais acima referidos, baseou-se, sobretudo, no direito geral da personalidade, por se tratar de direito ao

---

[166] Os artigos referidos têm a seguinte redação: "Artigo 1 (Proteção da dignidade do homem) (1) A dignidade do homem é intangível. Respeitá-la e protegê-la é obrigação de todo o poder público". "Artigo 2 (Direitos de liberdade) (1) Todos têm o direito ao livre desenvolvimento da sua personalidade, desde que não violem os direitos de outros e não atentem contra a ordem constitucional ou a lei moral".

[167] Decisão cuja ementa é a seguinte: "Impugnação da paternidade por filho maior de idade. 1. O direito geral da personalidade (art. 2º inciso I combinado com o art. 1º inciso I GG) também compreende o direito ao conhecimento da própria ascendência. 2. Os §§ 1593, 1598 combinados com o § 1596 inciso I BGB são incompatíveis com a Lei Fundamental alemã, na medida em que impeçam, o filho maior de idade, sem exceções, excetuando os pressupostos legais da impugnação, de modificar o seu status familiar, bem como de obter o esclarecimento judicial de sua ascendência". (*BVerfG*, decisão de 31.1.1989 - 1 BvL 17/87, produzida a partir da proposta do Tribunal da Comarca de Hamburgo de 3.3.1987 (10 C 419/86). Antes de 1989, o *BVerfG* já havia manifestado seu entendimento acerca do direito ao conhecimento da própria ascendência, em sua decisão de Câmara de 18.1.1988. Todavia, o fez novamente, com ampla fundamentação, tornando a decisão de 1989 histórica por seu conteúdo axiológico e inovador. (*NJW*, n. 14, p. 891, abr. 1989)

[168] Se o pai da criança não for casado com a mãe, não se aplica a presunção de paternidade do § 1592 Nº 1 BGB. A paternidade então somente pode ser constatada através de um ato constitutivo com efeito para e contra todos, nomeadamente através do reconhecimento da paternidade (§ 1592 Nº 2 BGB) ou de sua constatação judicial (§ 1592 Nº 3 BGB). (*Cf.* SCHLÜTER, Wilfried. *Código Civil*..., op. cit., p. 345).

desenvolvimento autônomo da condição de pessoa e da conservação da individualidade como ser humano. Sob esse prisma, para o *BVerfG* não interessa o fenômeno da ascendência genética entendido de acordo com as ciências biológicas, mas a sua compreensão tem uma dimensão juridicamente distinta e autônoma: o direito ao conhecimento da própria ascendência se caracteriza assim porque, como atributo de individualização, assume na consciência do indivíduo uma posição-chave para a criação da individualidade e do auto-entendimento, propiciando o livre desenvolvimento da personalidade.[169]

---

[169] Cumpre destacar o comentário elaborado por Christoph Enders sobre a decisão em comento, que tratou da amplitude e da validade do direito ao conhecimento da ascendência, tendo sentido à época em que foi proferida – janeiro de 1989, portanto, antes da Lei de Reforma do Direito de Filiação na Alemanha (*KindRG*, de 16.12.1997): "O artigo 2º, inciso I combinado com o artigo 1º inciso I da GG, não confere o direito à obtenção do conhecimento da própria ascendência, mas somente pode proteger da ocultação de informações passíveis de serem obtidas". Quis o BvferG com esta frase inserir em sua decisão o entendimento de que o direito ao conhecimento não garante uma prerrogativa geral de êxito. Ele não estatui uma posição jurídica absoluta, ilimitada em termos de conteúdo e direção, e que possa ser realizada sem maiores restrições. Ao contrário, ele necessita da intermediação – mesmo que submetida à Constituição – do Direito Comum. Neste sentido, como prerrogativa fundamentalmente igual a outros interesses protegidos pela Constituição, também está sujeito a restrições. O direito vigente até o momento confronta o filho, juntamente com a atribuição do status de legitimidade, com uma série de restrições: por exemplo, com a regulamentação do § 1593 do BGB, que vincula o esclarecimento negativo da paternidade (e com isto também o esclarecimento positivo, § 1600a do BGB), coercitivamente, a uma anterior impugnação de paternidade; com o catálogo conclusivo dos pressupostos legais da impugnação no § 1596 inciso I do BGB; por fim, com o prazo para impugnação previsto no § 1596 inciso II e no § 1598 do BGB. (*Cf.* ENDERS, Christoph. "Das Recht auf Kenntnis der eigenen Abstammung". *NJW*, n. 14, p. 882-883, abr. 1989). A restrição em comento, ancorada no BGB, é considerada hodiernamente ultrapassada diante da Lei de Reforma do Direito de Filiação (*KindRG*), de 16.12.1997, através da qual as diferenças jurídicas entre filhos legítimos e ilegítimos foram reparadas o quanto possível. Os motivos para tal reforma são múltiplos, elencando-se dentre eles os importantes impulsos emanados da jurisprudência do Tribunal Constitucional alemão. Assim, o tribunal objetou contra o § 1596 BGB, que confere ao filho somente em casos excepcionais o direito de contestar a paternidade, porque este dispositivo limita demais o direito reconhecido pelo Tribunal Constitucional de conhecimento da própria filiação (*Cf.* SCHLÜTER, Wilfried. *Código civil...*, *op. cit.*, p. 337).

A consagração do direito ao conhecimento da própria ascendência ganha supremacia constitucional à medida que, como componente do direito ao livre desenvolvimento da personalidade, conjugado com o princípio constitucional supremo da dignidade humana, consubstancia-se numa garantia da realização da esfera de vida íntima da pessoa e na conservação das condições fundamentais para a compreensão e o desenvolvimento da sua individualidade.

Tais garantias, que não são completamente abrangidas pelas garantias tradicionais de liberdade, mas que afloram, nomeadamente, em vista da nova tutela da pessoa, como centro de atenção do sistema jurídico na proteção dos seus direitos mais essenciais, ditos fundamentais ou de personalidade, ante o desenvolvimento da Engenharia Genética, propiciam a revelação da verdade científica do elo de filiação paterna.

Como característica da individualização, a ascendência faz parte da personalidade, e o conhecimento da origem biológica oferece à pessoa importantes pontos de conexão para o entendimento e o desenvolvimento da própria individualidade – pontos que se materializam no nome e em outros sinais ou elementos identificadores da pessoa. Essa é a razão para o direito germânico conceber que o direito ao livre desenvolvimento da personalidade compreende, também, o conhecimento da própria ascendência e, em razão disto, o chancela como direito constitucionalmente garantido.

A Constituição portuguesa é outro aporte no reconhecimento pelo sistema jurídico, em sua tutela máxima, do direito imanente da pessoa de conhecer sua origem genética e, tal como a Lei Fundamental alemã, a portuguesa parte do princípio da dignidade da pessoa humana expresso em seu artigo 1º, como valor no qual se baseia a República Portuguesa e como verdadeiro imperativo axiológico de toda a ordem jurídica, de que decorrem direitos, liberdades e garantias pessoais, elencados no Capítulo I do Título II da Constituição Portuguesa, aprovada em 2 de abril de 1976.[170] Dentre tais direitos, esculpido está, na conjugação dos artigos 25 (Direito à integridade pessoal) e 26 (Outros direitos pessoais) da Lei Fundamental portuguesa,[171] o direito ao conhecimento da ascendência genética, ganhando com tal consagração uma suprema relevância que permite considerá-lo como um dos direitos fundamentais da pessoa – designadamente, como uma faceta do direito à integridade e à identidade pessoais, que tutelam a localização social do indivíduo.[172]

Adicione-se a essa conjugação a consagração pela Lei Fundamental lusitana da maternidade e paternidade como valores sociais eminentes (artigo 68),[173] de forma que se retira dessa garantia e do princípio fundante da Nação - dignidade da pessoa humana – o interesse do Estado voltado à necessidade de cada cidadão possuir um pai e uma mãe, biologicamente considerados.[174]

---

[170] A dicção do artigo referido é a seguinte: "Artigo 1º (República Portuguesa) Portugal é uma República soberana, baseada na dignidade da pessoa humana e na vontade popular e empenhada na construção de uma sociedade livre, justa e solidária".
[171] "Artigo 25 – (Direito à integridade pessoal): 1. A integridade moral e física das pessoas é inviolável". "Artigo 26 – (Outros direitos pessoais). 1. A todos são reconhecidos os direitos à identidade pessoal, à capacidade civil, à cidadania, ao bom nome e reputação, à imagem, à palavra e à reserva da intimidade". Aqui está expressa a disposição constitucional antes da 4ª reforma de 1997.
[172] OLIVEIRA, Guilherme de. *Critério jurídico da paternidade*. Coimbra, 1983, p. 244. Tese (Doutorado). Faculdade de Direito de Coimbra.
[173] "Artigo 68 – (Paternidade e maternidade). 1. Os pais e as mães têm direito à proteção da sociedade e do Estado na realização da sua insubstituível ação em relação aos filhos, nomeadamente quanto à sua educação, com garantia de realização profissional e de participação na vida cívica do país. 2. A maternidade e a paternidade constituem valores sociais eminentes. 3. As mulheres trabalhadoras têm direito a especial proteção durante a gravidez e após o parto, incluindo a dispensa do trabalho por período adequado, sem perda da retribuição ou de quaisquer regalias".
[174] AGUILAR, Francisco Manuel Fonseca de. O princípio da dignidade da pessoa humana e a determinação da filiação em sede de procriação medicamente assistida. *Revista da Faculdade de Direito da Universidade de Lisboa*, Coimbra, v. 41, n. 2, p. 665, 2000.

Como se vê, a proteção constitucional germânica e portuguesa contextualizam sistemicamente – como um círculo hermenêutico – a revelação e a extensão da tutela do conhecimento da origem genética, procurando demonstrar a supremacia do direito à constatação da filiação natural como valor imanente à pessoa, revelando-se o critério biológico que une ascendentes e descendentes como relação fundamental pela qual a pessoa se insere na ancestralidade, por meio da filiação consangüínea.

O direito à identidade pessoal é, pois, direito fundamental que se revela como um mote na proteção ao conhecimento e estabelecimento da ascendência biológica.

É importante assinalar no contexto português que a reforma constitucional de 1997 acrescentou, no já referido artigo 26 da Constituição, o direito ao desenvolvimento da personalidade, passando o artigo 26, (1), à seguinte redação:

"A todos são reconhecidos os direitos à identidade pessoal, ao desenvolvimento da personalidade, à capacidade civil, à cidadania, ao bom nome e reputação, à imagem, à palavra, à reserva da intimidade da vida privada e familiar e à proteção legal contra quaisquer formas de discriminação."

Contudo, a adscrição do direito ao livre desenvolvimento da personalidade, quiçá inspirada na Lei Fundamental germânica, não significou mudança no aporte constitucional do direito ao conhecimento e estabelecimento da origem biológica, tal como acontece na Alemanha.

É que quando o artigo 26, (1), da Constituição portuguesa consagra o livre desenvolvimento da personalidade, deve-se dele retirar duas dimensões – (a) a proteção geral da personalidade e, em especial, um direito geral de personalidade, e (b) o reconhecimento da liberdade geral de ação, ou ainda, um direito geral de liberdade, possuindo ambas as dimensões uma raiz comum revelada pela garantia das condições de surgimento de uma individualidade autônoma e livre.[175]

A ordem constitucional brasileira revela-se, ainda, pouco efetiva como instrumento garantidor do direito à identidade pessoal, muito embora a Constituição Federal de 1988 tenha consagrado o tratamento isonômico entre todas as categorias de filhos, em seu artigo 227, § 6º, e o ordenamento jurídico tenha recepcionado a Convenção dos Direitos da Criança das Nações Unidas de 1989, que consagra o direito de toda criança conhecer seus pais biológicos, por meio do Decreto nº 99.710, de 22.11.1990 e, segundo o artigo 5º, § 2º, da Constituição Federal de 1988, outros direitos fundamentais podem ser inseridos na lista do seu artigo 5º, num diálogo com o direito internacional.[176]

Apesar das consagrações acima referidas, não se encontra no ordenamento jurídico brasileiro uma expressa proteção relativa ao direito fundamental da pessoa de conhecer sua ascendência genética, ao contrário do que ocorre na Europa, consoante os exemplos colacionados nessa tese.

Isto se revela pela hermenêutica que acolhe a existência de óbices na ordem jurídica, impedindo e/ou dificultando a busca da origem genética, tais como a legítima recusa do suposto pai em submeter-se ao exame pericial em DNA e a coisa julgada material nas

---

[175] É a tese defendida por Paulo Mota Pinto, em seu trabalho intitulado "O direito ao livre desenvolvimento da personalidade". *Boletim da Faculdade de Direito da Universidade de Coimbra*, Coimbra, v. 40, n. 2, p. 164, 1999. Acentua o autor, ainda, "que a liberdade geral de ação da pessoa requer para tutela do livre desenvolvimento da personalidade igualmente o reconhecimento de um direito geral de personalidade, que tutela a personalidade em si mesma, com pressuposto desta atuação".

[176] A dicção dos referidos artigos da Constituição Federal é a seguinte: "Artigo 227 (...), § 6º. Os filhos, havidos ou não da relação do casamento, ou por adoção, terão os mesmos direitos e qualificações, proibidas quaisquer designações discriminatórias relativas à filiação". "Artigo 5º (...), § 2º. Os direitos e garantias expressos nesta Constituição não excluem outros decorrentes do regime e dos princípios por ela adotados, ou dos tratados internacionais em que a República Federativa do Brasil seja parte".

investigações de paternidade, sem prejuízo de outros que se possam revelar como obstruídores do direito fundamental em questão.

No Direito brasileiro, a interpretação da norma constitucional pelo Poder Judiciário, através do Supremo Tribunal Federal, em 1994, em expressivos votos, embora vencidos, recepcionando a notável relevância do direito ao conhecimento da origem genética, ilustra o ora sustentado.

Em julgamento pelo Plenário do Supremo Tribunal Federal, em 10.11.1994, do recurso de *Habeas Corpus* nº 71.373-4/RS, impetrado por um suposto pai que se negava, em ação de investigação de paternidade, a submeter-se ao exame pericial em DNA, os Ministros Francisco Rezek (Relator do recurso), Ilmar Galvão, Carlos Velloso e Sepúlveda Pertence assentaram o entendimento de que toda a pessoa necessita, em sua formação pessoal – integridade psíquica – conhecer sua origem paterna, concebido este direito como fundamental a toda pessoa. Todavia, foram vencidos, tendo prevalecido à época o direito do suposto pai em negar-se a submeter-se ao DNA, em detrimento do direito de um filho ver revelada a sua origem genética pela prova científica, a mais segura das provas produzidas em ações de investigação de paternidade.[177]

---

[177] Do expressivo acórdão proferido pelo Plenário do Supremo Tribunal Federal em 10 de novembro de 1994, extraem-se os seguintes votos: (a) Ministro Francisco Rezek – "(...) É alentador observar, na hora atual, que a visão individuocêntrica, preocupada com as prerrogativas do investigado, vai cedendo espaço ao direito elementar que tem a pessoa de conhecer sua origem genética. A verdade jurídica, geralmente fundada em presunção, passa a poder identificar-se com a verdade científica". (b) Ministro Ilmar Galvão – "(...) Não se busca, com a investigatória, a satisfação de interesse meramente patrimonial, mas, sobretudo, a consecução de interesse moral, que só encontrará resposta na revelação da verdade real acerca da origem biológica do pretenso filho, posta em dúvida pelo próprio réu ou por outrem". (c) Ministro Carlos Velloso – "Do artigo 227, *caput*, e § 6º, da Constituição Federal de 1988, resulta para o filho o direito de conhecer o seu pai biológico. Esse direito se insere naquilo que a Constituição assegura à criança e ao adolescente: o direito à dignidade pessoal. Esse interesse não fica apenas no mero interesse patrimonial. Está-se diante de interesses morais, como o direito à dignidade que a Constituição assegura à criança e ao adolescente, certo que essa mesma Constituição assegura aos filhos, havidos ou não da relação de casamento,

A diversidade de dimensões garantidoras de um mesmo direito no plano constitucional – o direito de conhecer a origem genética – quer significar que este direito é fruto de sua identificação como valor socialmente relevante no espectro da comunidade, que o elevou à categoria de direito fundamental, seja pela constatação fática da existência de um número expressivo de filhos sem pais genéticos revelados, seja pela preocupação crescente do sistema jurídico com os direitos da criança, possibilitando a revelação da origem biológica e declarando a sua biparentalidade, seja, ainda, pela inegável contribuição dos avanços científicos na área da Engenharia Genética com a descoberta do exame pericial em DNA capaz de revelar, com precisão de até 99,9999%, a probabilidade de uma ascendência genética.

Quer-se dizer com isto que, quando a Constituição Federal de um país eleva à categoria de direito fundamental um determinado bem, atribuindo-lhe valor máximo na hierarquia das normas, é porque tal direito já integra a consciência comunitária, procedendo-se, então, à sua consagração como bem jurídico fundamental da pessoa – centro de atenção do sistema jurídico contemporâneo – buscando a sua máxima e integral proteção e iluminando a sua existência como ser humano não

---

ou por adoção, os mesmos direitos e qualificações, proibidas quaisquer designações discriminatórias relativas à filiação. Também desse dispositivo constitucional - § 6º do art. 227 – defluem interesses morais que vão além dos interesses patrimoniais. Não há no mundo interesse maior do que este: o do filho conhecer ou saber quem é o seu pai. Tendo em vista o desenvolvimento das ciências biológicas, o exame denominado DNA apresenta parcela de erro diminuta, oferecendo praticamente certeza integral. Penso que se insere no direito à dignidade, que a Constituição assegura ao menor, ou no direito que a Constituição assegura aos filhos no § 6º do art. 227, ter em mãos esse exame. Esse filho terá, feito o exame, possibilidade de conhecer, com certeza, o seu pai biológico: ou a possibilidade de saber, com certeza, que o indivíduo que está a negar ser o seu pai biológico, não o é, na verdade. (...) Questões como esta demonstram que o direito de família não contém apenas disposições privatísticas, que o direito de família é muito mais público do que privado"; (d) Ministro Sepúlveda Pertence – "Trata-se da eminência dos interesses constitucionalmente tutelados à investigação da própria paternidade" (BRASIL. Supremo Tribunal Federal, Habeas Corpus n. 71.373-4/RS, relator Ministro Francisco Rezek, j. 10/11/1994, DJU 22/11/1996).

só em sua versão biológica, para não se voltar a uma visão reducionista da espécie humana, mas, também, nos planos psíquico, espiritual e social, e isto se completa com o desvelar da progenitura paterna.

3.4. Revelação da historicidade pessoal e direito

A partir do fenômeno reprodução ou procriação humana, reconhece-se o ser humano como dado ontológico, em sua faceta biológica.

Não obstante seja fato inconteste que o homem (gênero) ser humano funda-se, antes de tudo, em uma conjugação genética (indivíduo-ser humano), não se pode reduzi-lo a este aspecto. É imperativo o reconhecimento do ser humano, além do seu perfil meramente biológico, como dado axiológico (indivíduo-pessoa).

Esse reconhecimento envolve a absorção pelo ordenamento jurídico de uma determinada valoração, objetivando incluí-lo no sistema para fins de proteção.

Existe uma relação entre necessidades humanas-valores-direito. Isso significa dizer que, num primeiro momento, todo o gênero humano é portador de um conjunto de necessidades básicas ou fundamentais que clamam por sua satisfação para o fim de contribuir à formação plena da pessoa, na busca permanente de ser humano emancipado e auto-realizado. Num segundo momento, implica afirmar que as necessidades humanas, compreendidas estas tanto as essenciais óbvias – o alimento, a água, o abrigo – quanto as culturais – a educação, a filiação –, concedem às pessoas argumentos sobre a justeza dos fatos e das relações, portanto, sobre os fundamentos de sua legitimidade.[178]

É nessa perspectiva que se aborda o tema da historicidade pessoal e sua recepção pelo Direito.

[178] GUSTIN, Miracy B.S. *Das necessidades humanas aos direitos*: ensaio de sociologia e filosofia do direito. Belo Horizonte: Del Rey, 1999. p. 210.

O conhecimento da identidade pessoal é necessidade humana, e sua legitimidade dá-se na justificativa de ser núcleo central da origem de direitos a se agregarem ao patrimônio de quem adquire, pelo fato de seu nascimento, o *status* de filho, sejam eles direitos da personalidade ou direitos de natureza patrimonial, representando a paternidade e a maternidade as únicas respostas possíveis ao questionamento humano acerca de quem somos e de onde viemos. Trata-se de conhecer as próprias origens, que não são apenas genéticas, mas também culturais e sociais.[179]

Não obstante tratar-se de um direito relacionado a uma necessidade fundamental da pessoa, tal relevância nem sempre foi assumida pelo ordenamento jurídico.

Em verdade, o tema da descoberta da origem genética consubstancia-se em uma história de profunda discriminação daqueles filhos engendrados fora do seio do casamento, justificada pela proteção legislativa à conclamada família legítima, a entidade familiar fundada no casamento.

Os filhos, cuja concepção e nascimento não fossem resultado de uma relação conjugal matrimonializada, na qual operava, como opera na atualidade, mas em menor potencialidade do que dantes, a presunção *pater is est* (o marido da mãe é presumido pai da criança),[180] eram

---

[179] MORAES, Maria Celina Bodin. O direito personalíssimo à filiação e a recusa ao exame de DNA: uma hipótese de colisão de direitos fundamentais. In: LEITE, Eduardo de Oliveira. (Coord.). *Grandes temas da atualidade*: DNA como meio de prova da filiação. Aspectos constitucionais, civis e penais. Rio de Janeiro: Forense, 2000. p. 227.

[180] A propósito desta presunção legal, cumpre destacar sua natureza cíclica na ordem jurídica brasileira. No Código Civil de 1916, sua previsão está no artigo 338, incisos I e II. Para contestar tal fato presumido como verdade pela lei, o marido tinha o prazo decadencial de sessenta dias, contados do nascimento, se estava presente no ato, e noventa dias, se estava ausente, ou se lhe haviam ocultado o nascimento, por meio da ação negatória de paternidade. Caso este prazo corresse *in albis*, para o marido da mãe não restava outra alternativa senão morrer com a dúvida, pois o decurso do prazo sem a propositura da ação lhe retirava o direito de contestar a presunção. Além deste prazo decadencial, tinha o marido, ainda, que observar os critérios estabelecidos nos artigos 339, incisos I e II, e 340, incisos I e II, para que sua demanda judicial vingasse. Com a chegada do exame pericial em DNA e sua influência sobre a ciência jurídica, a situação em questão foi revista, desta vez

pela jurisprudência do Superior Tribunal de Justiça, que assim se pronunciou: "Paternidade. Contestação. As normas jurídicas hão de ser entendidas, tendo em vista o contexto legal em que inseridas e considerando os valores tidos como válidos em determinado momento histórico. Não há como se interpretar uma disposição, ignorando as profundas modificações porque passou a sociedade, desprezando os avanços da ciência e deixando de ter em conta as alterações de outras normas, pertinentes aos mesmos institutos jurídicos. Nos tempos atuais, não se justifica que a contestação da paternidade, pelo marido, dos filhos havidos de sua mulher, se restrinja às hipóteses do artigo 340 do Código Civil, quando a ciência fornece métodos notavelmente seguros para verificar a existência do vínculo de filiação. Decadência. Código Civil, artigo 178, § 3º. Admitindo-se a contestação da paternidade, ainda quando o marido coabite com a mulher, o prazo de decadência haverá de ter, como termo inicial, a data em que disponha ele de elementos seguros para supor não ser o pai do filho de sua esposa". (BRASIL. Superior Tribunal de Justiça, Recurso Especial nº 194.866/RS, relator Ministro Eduardo Ribeiro, j. 20/04/1999, DJU 14/06/1999, p. 188). Mais adiante, no Código Civil brasileiro de 2002, o legislador revisitou o tema com inovações, permanecendo a presunção *pater is est* nos seguintes casos: "Artigo 1.597. Presumem-se concebidos na constância do casamento os filhos: I – nascidos 180 (cento e oitenta) dias, pelo menos, depois de estabelecida a convivência conjugal; II – nascidos nos 300 (trezentos) dias subseqüentes à dissolução da sociedade conjugal, por morte, separação judicial, nulidade e anulação do casamento; III – havidos por fecundação artificial homóloga, mesmo que falecido o marido; IV – havidos, a qualquer tempo, quando se tratar de embriões excendentários, decorrentes da concepção artificial homóloga; V – havidos por inseminação artificial heteróloga, desde que tenha havido prévia autorização do marido". A inovação do legislador da nova codificação alcançou, também, a contestação da paternidade presumida, passando a constar no artigo 1.601 com a seguinte redação: "Cabe ao marido o direito de contestar a paternidade dos filhos nascidos de sua mulher, sendo tal ação imprescritível". Sobre o tema, João Batista Villela pronunciou-se em desfavor da imprescritibilidade inserida no novo Código Civil. Diz Villela, em entrevista publicada no Boletim Informativo do Instituto Brasileiro de Direito de Família, cujo título é "O cinto de castidade do século XXI": "O novo Código – chamêmo-lo assim – diz, no artigo 1.601, que a ação do marido para contestar a paternidade dos filhos nascidos de sua mulher é imprescritível. Será que o legislador tem consciência da enormidade que está a cometer? Isso é rigorosamente confundir paternidade com procriação, dois conceitos absolutamente distintos. Enquanto a procriação pertence à ordem da natureza e, mais particularmente, à ordem da biologia, a paternidade pertence à ordem da cultura. O novo Código os confunde. Na medida em que os confunde, rompe com um dos milenares fundamentos da família, que é a sua vocação para a estabilidade dos vínculos. E entrega nas mãos do marido um poder de controle sobre sua mulher e seus filhos absolutamente tirânico. Não tenho dúvida em considerar que este artigo ofende gravemente a dignidade da mulher, enquanto deixa nas mãos do marido a chave com que pode abrir, a qualquer momento e quando bem quiser, a porta do acesso ao passado íntimo de sua mulher. E, assim fazendo, confere-lhe um poderosíssimo instrumento de chantagem. Compare a solução do 'velho' Código Civil: aí este poder é deferido ao marido em casos especialíssimos e por curtíssimo prazo. Por quê? Porque avilta a dignidade da mulher, especialmente a da mulher casada, submeter sua vida íntima ao risco de permanente devassa e exposição pública, assim como porque a rela-

rechaçados da proteção jurídica e denominados filhos ilegítimos.[181]

Assim ocorreu, por longo tempo, nos países da Europa ocidental, cujo direito foi pesquisado – .na França (Código Civil de 1804), na Alemanha (Código Civil de 1896) e em Portugal (Código Civil de 1867). O sistema jurídico do estabelecimento da filiação constante da codificação instituída nos países em referência foi marcado: (i) pela ficção jurídica da filiação, que se utilizava da presunção *pater is est*, particularmente forte no sistema tradicional, para desencadear o estabelecimento automático da filiação, dando pai e mãe ao filho nascido na constância do casamento daqueles, e (ii) pela manutenção da filiação legítima como a única a merecer a tutela do sistema jurídico, porque adequada aos padrões socioculturais da época, alijando da proteção os filhos tidos como ilegítimos.

Nesse modelo, a verdade biológica não era relevante para o sistema jurídico.

Em Portugal, o Código Civil de 1966 já atribuiu valor à busca da verdade biológica da filiação, desvane-

---

ção de paternidade, uma vez estabelecida, não pode ficar sujeita a estremecimentos. É definitiva. O artigo 1.601, ao contrário, reativa a lógica do cinto de castidade. O cinto de castidade destinava-se a impedir, por meio de uma instrumentação mecânica, que a mulher mantivesse relação sexual com estranho. O art. 1.601 não o impede. Más dá ao marido o poder de vasculhar o passado íntimo da mulher para verificá-lo a qualquer instante. E, desta homenagem ao seu orgulho de macho, a faculdade unilateral de tirar conseqüências absolutamente ruinosas para a mulher e para os filhos. Na Idade Média, o marido detinha uma chave, em sentido literal. No Brasil do século XXI, passará a deter um *password*: o artigo 1.601 do novo (?!) Código Civil. (VILLELA, João Batista. O cinto de castidade do século XXI. *Boletim Informativo do Instituto Brasileiro de Direito de Família*, n. 11, p. 4, set./out.2001).

[181] Nos sistemas jurídicos de tradição romanista, a classificação era tradicionalmente feita mediante a posição jurídica dos pais. Assim, a filiação estampada nos códigos civis brasileiro, francês, italiano, espanhol e alemão, úteis ao propósito do presente estudo, obedecia aos seguintes critérios: (a) legítima (se concebida na constância do casamento); (b) ilegítima (se proveniente de relação extraconjugal), que se subdividia em (b.1) natural (se proveniente de relação extramatrimonial entre pessoas que não tenham impedimento legal para o casamento e (b.2) espúria, que poderia ser adulterina, se proveniente de relação adulterina, materna ou paterna, vale dizer, filhos de leito extramatrimonial de pessoas casadas e incestuosa, se proveniente de relação sexual entre parentes próximos.

cendo-se as limitações à descoberta e ao reconhecimento jurídico da verdade biológica, embora a preocupação básica do legislador português fosse a defesa da instituição matrimonial, vale dizer, a família calcada no casamento.[182]

Isso significou a superação do paradigma segundo o qual a verdade biológica era, em regra, impedida de ser revelada, mesmo que isto significasse deixar filhos sem pais declarados ou manter inverdades jurídicas acobertadas pelo véu da presunção *pater is est*.[183]

Com isso, o fato natural da procriação era sobreposto por disposições de ordem legal que obedeciam a orientações distintas, conforme a sua origem – filiação dentro ou fora do casamento. Acima da verdade biológica o sistema jurídico fazia prevalecer a certeza jurídica, distanciando-se a paternidade legalmente esculpida da sua nascente biológica, para atender interesses da própria família codificada, colocados pelo legislador num plano superior ao do conhecimento da verdade biológica.[184]

---

[182] *Cf.* destaca Oliveira sobre o tema que na década de 60, o legislador do direito da filiação não podia fazer outra coisa senão fazer prevalecer o interesse do filho no estabelecimento dos vínculos familiares, tais como se mostraram o alargamento das causas de impugnação de paternidade do marido e o regime de averiguação oficiosa. Nesta matéria e nesta época, diz Oliveira, "o interesse do filho era claramente identificado com o reconhecimento jurídico da verdade biológica. (...) As limitações à descoberta e ao reconhecimento jurídico da verdade biológica, imposta pela consideração de valores culturais de interesse público, ou pela tutela do cônjuge adúltero, foram-se desvanecendo; simultaneamente, o interesse do filho no estabelelecimento dos vínculos familiares assumiu uma relação inédita. Nestas condições o progenitor e o *pater* tendiam para a coincidência, a paternidade biológica foi convertida pelo sistema em paternidade jurídica" (OLIVEIRA, Guilherme de. *Critério...,op. cit.*, p. 93-94).

[183] A propósito do sistema clássico de perfilhamento e reconhecimento forçado da paternidade no Brasil e no direito comparado, tendo como referência França, Portugal, Suíça e Bélgica, ver a obra de FACHIN, Luiz Edson. *Estabelecimento da filiação..., op. cit.*, p. 43-99).

[184] *Cf.* FACHIN, Luiz Edson. *Estabelecimento da filiação..., op. cit.*, p. 22: "Esse distanciamento aparece claramente na opção feita pelo legislador. À medida que se limita a contestação da paternidade e que são colocados óbices ao reconhecimento, o conceito jurídico da paternidade se separa do seu sentido biológico". Exemplos destes óbices são os artigos 339 e 340 do diploma civil brasileiro, que dizem, respectivamente: "A legitimidade do filho nascido antes de decorridos os cento e oitenta dias de que trata o n. I do artigo antecedente, não pode, entretanto, ser contestada: I – Se o marido, antes de

O interesse público estatal foi, no entanto, aos poucos descentralizando sua atenção e transferindo seu olhar do Código Civil para a realidade social, com vistas a acabar com a discriminação entre filhos legítimos e ilegítimos, suprimindo-se a distinção entre as diferentes categorias e, também, almejando dar tutela ao imenso número de filhos biológicos carentes de proteção jurídica.

Nesse rumo, o Estado, através do Poder Legislativo, procurou amparar os filhos que, provindos de uniões não submetidas ao modelo positivado, nem por isso detinham menor direito ao *status* de filho, numa luta em favor da dignificação da filiação nominada, até então, de ilegítima.

Em verdade, essa mudança de atitude do legislador infraconstitucional denota uma crise do sistema clássico, e sua superação somente poderia se dar com uma oxigenação do sistema. É nesse quadrante crítico que surgem as reformas pelas quais passaram o sistema clássico francês, português, alemão e o próprio direito brasileiro, consubstanciando-se em tentativas de superação dos problemas apresentados pelo sistema tradicional de estabelecimento da filiação, significando a adoção de uma política em favor do filho desfavorecido pela situação jurídica de seus progenitores.[185]

Na França, a Lei nº 72, de 3 de janeiro de 1972, realizou sensível reforma no direito de filiação. A reformulação legislativa teve como idéia fundamental a

---

casar, tinha ciência da gravidez da mulher. II – Se assistiu, pessoalmente, ou por procurador, a lavrar-se o termo de nascimento do filho, sem contestar a paternidade". "A legitimidade do filho concebido na constância do casamento, ou presumido tal (arts. 337 e 338), só se pode contestar, provando-se: I – Que o marido se achava fisicamente impossibilitado de coabitar com a mulher nos primeiros cento e vinte e um dias, ou mais, dos trezentos que houverem precedido ao nascimento do filho. II – Que a esse tempo estavam os cônjuges legalmente separados".

[185] Acerca da evolução legislativa, Luiz Edson Fachin pontua que "a compreensão do desenvolvimento legislativo revela um traço marcante que, centrado originariamente no Código Civil, vai paulatinamente se esvaindo à medida em que o sistema fragmenta-se na legislação esparsa. O sistema fechado e monolítico abre-se e se reparte na mudança dos valores de base" (FACHIN, Luiz Edson. *Da paternidade...*, op. cit., p. 85).

igualdade entre todas as categorias de filhos, que correspondeu à aplicação do princípio constitucional da igualdade civil, abrigou a coexistência de verdades da filiação – a biológica e a sociológica ou afetiva, essa última no instituto nominado *posse de estado de filho* e atenuou a força da presunção *pater is est*, admitindo-se a prova livre da não-paternidade.

Com essa lei, inaugura-se na França o direito ao livre conhecimento da origem genética. Livre porque afastou a proibição ao conhecimento da origem em relação aos filhos concebidos fora do casamento e limitou o domínio da presunção *pater is est*, facilitando sua contestação com o intuito de evitar que tal presunção conduzisse a filiações fictícias.[186]

A busca da verdade biológica, que já havia sido conclamada como direito a ser fundamentalmente respeitado pela nova ordem jurídica, foi alargada com a Lei nº 93-22, de 8 de janeiro de 1993, que revogou artigos limitadores do Código Civil francês até então vigentes, por estabelecerem critérios ao ajuizamento das ações de investigação de paternidade e maternidade, restando facilitada a busca da verdade biológica, podendo o juiz valer-se de todos os meios de prova.[187]

Em Portugal, sob o enfoque da legislação infraconstitucional, a reforma que entrou em vigor alguns anos

---

[186] LABRUSSE-RIOU, Catherine. *Droit de la famille*. Paris: Masson, 1984. v. 1, p. 111.

[187] O artigo 340 do Código Civil francês passou, então, à seguinte redação: "La paternité hors mariage peut être judiciairement déclarée. La preuve ne peut en être rapportée que s'il existe des présomptions ou indices graves . Tradução: ("A paternidade fora do casamento pode ser judicialmente declarada. A prova só pode ser acrescentada se existem presunções ou indícios graves".) Ficaram revogadas as hipóteses casuísticas do antigo artigo 340 e o artigo 340-1, que versavam sobre a inadmissibilidade da ação de investigação de paternidade, foi totalmente revogado pela lei em questão. (CODE Civil. Paris: Dalloz, 1999. p. 387-390). Quanto aos meios de prova a serem utilizados pelo juiz, permanece em vigor o artigo 311-12 : "Les tribunaux règlent les conflits de filiation pour lesquels la loi n'a pas fixé d'autre principe, en déterminant par tous les moyens de preuve la filiation la plus vraisemblable . Tradução: ("Os Tribunais regulam os conflitos de filiação para os quais a lei não fixou outro princípio, determinando por todos os meios de prova a filiação mais crível".)

após a lei francesa representou, também, uma mudança substancial no sistema de estabelecimento da filiação. Trata-se do Decreto-Lei nº 496, de 25 de novembro de 1977 que, no entanto, se organizou sobre a diferença entre o estabelecimento da paternidade e da maternidade, não se direcionando especificamente à filiação.[188]

É visível na reforma portuguesa a intenção do legislador de zelar pela revelação da verdade biológica da filiação, tanto assim que se estabeleceram casos de cessação da presunção *pater is est* e se abrigou a impugnação livre da paternidade do marido, alargando-se o rol dos legitimados ativos, que passaram a ser: o marido da mãe, a mãe, o filho e o Ministério Público. Nesse ponto, a ação do Ministério Público representa o interesse público da fixação do *status* de filho com base na verdade biológica – justificação do poder de intervir oficiosamente, inclusive para os casos de averiguação oficiosa da paternidade, prevista nos artigos 1864 e 1865 da reforma, que tratam das hipóteses de assento de nascimento sem pai declarado, quando então o funcionário do registro civil deverá remeter a certidão integral para o Tribunal competente, a fim de se averiguar oficiosamente a identidade do pai.[189] No direito alemão, também procurou-se garantir aos filhos tidos como ilegítimos os mesmos direitos dos filhos havidos na constância do casamento, ancorando-se tal garantia na igualdade constitucional do artigo 6º, (5), GG.[190]

A isonomia da filiação foi realizada na *KindRG* – Lei da reforma do direito de filiação, de 16 de dezembro de 1997, através da qual as diferenças jurídicas entre filhos legítimos e ilegítimos foram reparadas o quanto

---

[188] OLIVEIRA, Guilherme de. *Estabelecimento da filiação*: notas aos artigos 1796 a 1873 do Código Civil. 4. ed. Coimbra: Almedina, 1997.

[189] Artigos 1841 (ação do Ministério Público) e 1842 (ação do marido, da mãe e do filho e seus respectivos prazos). (*Cf.* OLIVEIRA, Guilherme. *Estabelecimento...*, op. cit., p. 88-92).

[190] Cuja dicção é a seguinte: "Artigo 6 (Matrimônio, família, filhos naturais) (...) (5) Para os filhos ilegítimos a legislação tem de criar as mesmas condições de desenvolvimento físico e espiritual e de posição na sociedade, como para os filhos legítimos".

possível, fulminando-se, por vez, a distinção que impregnou o sistema jurídico entre descendência legítima e ilegítima.

Adicione-se à *KindRG*, duas outras relevantes na reforma do direito germânico: (i) a lei de igualdade do direito sucessório de filhos ilegítimos, de 16 de dezembro de 1997, ganhando equiparação os filhos ilegítimos com os legítimos quanto à sucessão, e (ii) a lei de unificação dos alimentos do filhos menores, de 6 de abril de 1998, igualando os dispositivos materiais sobre o direito a alimentos e o processo a ele correlato para os filhos legítimos e ilegítimos.[191]

Os motivos para a realização da reforma na Alemanha são múltiplos, mas pode-se destacar, sem dúvida, que os importantes e fundamentais impulsos da reforma partiram da jurisprudência do Tribunal Constitucional – *BverfG* –, que já consagrara nos anos oitenta ser o conhecimento da ascendência genética direito fundamental, derivado da tutela da dignidade da pessoa humana conjugada ao direito ao livre desenvolvimento da personalidade. A partir da *KindRG*, a constituição de direitos e obrigações parentais passaram a existir independentemente da questão da legitimidade ou ilegitimidade.[192]

No direito brasileiro, os marcos legislativos que apontam para uma proteção cada vez mais crescente dos filhos havidos fora da relação do casamento, sem perfilhação e sem constatação judicial declarada, referem-se aos microssistemas editados a partir do Código Civil brasileiro de 1916, até chegar-se às alterações axiológicas introduzidas pela Constituição Federal de 1988, que introduziu o princípio da unidade da filiação,[193] a que se

---

[191] *Cf.* SCHLÜTER, Wilfried. *Código civil...*, op. cit., p. 335-336.
[192] *Ibidem*, p. 337.
[193] Para um retratar da evolução histórica e legislativa do reconhecimento dos filhos, ver PEREIRA, Caio Mário da Silva. *Reconhecimento da paternidade...op. cit..*, p. 7-131.

seguiram o Estatuto da Criança e do Adolescente[194] – Lei nº 8.069, de 13 de julho de 1990 – e a Lei da Averiguação e Investigação da Paternidade Extramatrimonial – Lei nº 8.560, de 29 de dezembro de 1992, que denota o interesse público em constatar a verdade biológica e atribuir, a quem não possui, o *status* de filho, sob o ponto de vista eminentemente genético.[195]

O ciclo evolutivo envolvendo o estado de filiação fora do casamento, tal como demonstrado nesse estudo, é alicerçado em marcos reveladores de uma história de conquistas, implicando uma mudança em toda a estrutura do direito de filiação que se efetivou, basicamente, frente às exigências cada vez mais prementes da aplicação do princípio da igualdade e da dignidade da pessoa humana encartados nas Leis Fundamentais da Alemanha, França, Portugal e, também, do Brasil.[196]

---

[194] Este marco legislativo surgiu em decorrência dos postulados constitucionais inerentes ao novo estado de filiação. O Capítulo III, do direito à convivência familiar e comunitária, e o Título II, dos direitos fundamentais, a Seção II, da família natural, são marcadores dos novos princípios jurídicos dignificantes ao estado da filiação. Os postulados de igualdade absoluta entre todos os filhos esculpidos no Estatuto da Criança e do Adolescente, que demonstram uma profunda conquista no campo do direito de filiação, são: "Art. 25 - Entende-se por família natural a comunidade formada pelos pais ou qualquer deles e seus descendentes"; "Art. 26 – Os filhos havidos fora do casamento poderão ser reconhecidos pelos pais, conjunta ou separadamente, no próprio termo de nascimento, por testamento, mediante escritura pública ou outro documento público, qualquer que seja a origem da filiação"; "Art. 26, parágrafo único – O reconhecimento pode preceder nascimento do filho ou suceder-lhe ao falecimento, se deixar descendentes"; "Art. 27 – O reconhecimento do estado de filiação é direito personalíssimo, indisponível e imprescritível, podendo ser exercitado contra os pais ou seus herdeiros, sem qualquer restrição, observado o segredo de justiça".

[195] Segundo este texto legal, os filhos havidos fora do casamento, aí compreendidos também os advindos da união estável, poderão ser reconhecidos, sem qualquer espécie de barreiras, por um ou por ambos os pais, conjunta ou separadamente, garantido ao filho reconhecido exclusivamente pela mãe o direito à averiguação oficiosa da paternidade. Esta lei regula o reconhecimento voluntário (artigo 1º) e compulsório (artigo 2º) da paternidade extramatrimonial, conferindo, ainda, ao Ministério Público a possibilidade de intentar a ação de investigação de paternidade (artigo 2º, § 4º).

[196] Nesta perspectiva, Gustavo Tepedino assenta que no sistema jurídico brasileiro "os princípios fundamentais dos artigos 1º a 4º da Constituição Federal de 1988, em particular no que concerne ao artigo 1º, III, segundo o qual se constitui em fundamento da República a dignidade da pessoa humana, informam toda a disciplina familiar, definindo a nova tábua de valores

A alteração normativa significou uma nova ordem de idéias acerca do estado de filiação, que não mais se baseia na letra do Código, mas na verdade biológica dos fatos.

A preocupação de todas as reformas aqui expostas centraliza-se na busca do filho por seu pai de sangue, por sua origem genética, por sua historicidade pessoal calcada, fundamentalmente, na identidade do pai, dado que compõe sua história de vida.

Essa nova ordem de idéias vem tomando corpo na atual sistemática de aplicação do Direito de Família[197] e consagra-se como uma fase de proteção aos interesses do filho,[198] sendo o vínculo genético um dos marcos

em que exsurgem, no ápice no ordenamento, três traços característicos em matéria de filiação: 1. A funcionalização das entidades familiares à realização da personalidade de seus membros, em particular aos filhos; 2. A despatrimonialização das relações entre pais e filhos; 3. A desvinculação entre a proteção conferida aos filhos e a espécie de relação dos genitores". (TEPEDINO, Gustavo. A disciplina jurídica..., op. cit., p. 393-394).

[197] Conforme se depreende do seguinte julgado: "Direito civil e processual civil. Investigação de paternidade. Prova genética. DNA. Requerimento feito a destempo. Validade. Natureza da demanda. Ação de estado. Busca da verdade real. Preclusão. Instrução probatória. Inocorrência para o juiz. Processo civil contemporâneo. Cerceamento de defesa. Artigo 130 do Código de Processo Civil. I – Tem o julgador iniciativa probatória quando presentes razões de ordem pública e igualitária, como, por exemplo, quando está diante de causa em que tenha por objeto direitos indisponíveis (ações de estado), ou quando, em face das provas produzidas, se encontra em estado de perplexidade ou, ainda, quando há significativa desproporção econômica ou sócio-cultural entre as partes. II – Além das questões concernentes às condições da ação e aos pressupostos processuais, a cujo respeito há expressa imunização legal (CPC, artigo 267, § 3º), a preclusão não alcança o juiz em se cuidando de instrução probatória. III – Diante do cada vez maior sentido publicista que se tem atribuído ao processo contemporâneo, o juiz deixou de ser mero espectador inerte da batalha judicial, passando a assumir uma posição ativa, que lhe permite, dentre outras prerrogativas, determinar a produção de provas, desde que o faça com imparcialidade e resguardando o princípio do contraditório. IV – Na fase atual da evolução do Direito de Família, não se justifica inacolher a produção de prova genética pelo DNA, que a ciência tem proclamado idônea e eficaz" (BRASIL. Superior Tribunal de Justiça, Recurso Especial nº 222.445-PR, relator Ministro Sálvio de Figueiredo Teixeira, j. 07/03/2002, DJU 29/04/2002).

[198] Neste sentido, os Professores José Lamartine Corrêa de Oliveira e Francisco José Ferreira Muniz afirmaram que "o postulado de base do direito de filiação – que regula as relações entre pais e filhos menores – é o primado absoluto do interesse do filho" (OLIVEIRA José Lamartine Corrêa de; MUNIZ, Francisco José Ferreira. Direito de família..., op. cit., p. 38).

característicos que definem a qualificação jurídica da pessoa, do *status* de indivíduo.[199]

O estabelecimento da ascendência genética constitui, portanto, um direito fundante, e não mais uma presunção legal, um direito elementar que tem a pessoa de conhecer sua origem genética, direito de personalidade à descoberta de sua identidade pessoal,[200] e não mais apenas um vínculo presumido por disposição de lei.

Abrem-se as portas, na perspectiva da filiação, à busca da verdade biológica, a ela subordinando-se a filiação jurídica, que antes impunha uma verdade fictícia a alguns e, a outros, impedia o conhecimento da origem genética em respeito à instituição familiar codificada.

Nesse rumo, o Direito de Família contemporâneo tende a incorporar os conceitos da Engenharia Genética derivados do progresso científico, para deles extrair, a seu turno, postulados jurídicos.[201]

Conhecer a ascendência genética paterna é parte integrante da natureza e do ideário do ser humano e o sistema jurídico deve recolher essa necessidade e elevá-la à categoria de direito fundamental de proteção à pessoa.

Para que tal ocorra, é preciso considerar o incontornável respeito que deve existir pela dignidade humana e este respeito, por sua vez, não pode existir sem que estejam atendidas as necessidades humanas fundamentais.

---

[199] Assenta Barboza que "a relevância do estado pessoal avulta, na medida em que é determinante da capacidade jurídica do indivíduo, considerado que seja em seu triplo aspecto: de ordem política, de ordem privada (estado dentro da família) e estado pessoal (situação física da pessoa)" (BARBOZA, Heloisa Helena. *A filiação em face da inseminação artificial e da fertilização 'in vitro'*. Rio de Janeiro: Renovar, 1993. p. 18).

[200] É preciso compreender que os pais biológicos são mais do que um conjunto de mecanismos que, pela sua função, produziram o filho. Na essência, eles são pessoas com todas as características de pessoa, com seu caráter de ser existente, individual. Eles são *seres*; e o ser é o que permanece. (SCHETTINI FILHO, Luiz. *Compreendendo os pais adotivos*. Recife: Bagaço, 1998, p. 88-89). (grifo do original)

[201] PEREIRA, Caio Mário da Silva, *Reconhecimento da paternidade ..., op. cit.*, p. 112.

4. Direito à identidade pessoal: uma releitura do sistema jurídico brasileiro

4.1. Descender com dignidade: novo tempo e novo espaço

Conjugar o fato da procriação dos seres humanos, seja por ação própria ou de outrem,[202] com a tutela constitucional da dignidade da pessoa humana é tornar visível a existência de um novo tempo – a sociedade

---

[202] Na contemporaneidade, o fenômeno da procriação assume uma dimensão outra em razão das modernas técnicas de reprodução humana assistida, concebida esta na forma de inseminação artificial, que pode ser homóloga ou heteróloga, e fertilização *in vitro*. Jussara Meirelles aborda este tema na obra Gestação por outrem e determinação da maternidade. Assenta a autora que "o termo fecundação é destinado a designar a união dos núcleos das células reprodutoras masculinas (espermatozóide) e femininas (óvulo), também chamadas gametos (ou gametas), que se convertem em uma única célula: 'zigoto' ou 'ovo'. Em condições naturais, a fecundação tem lugar no aparelho genital feminino, mais precisamente nas trompas de Falópio. Depois da fecundação, o zigoto desenvolve-se rapidamente e após cerca de sessenta e seis horas já está constituído por oito células e é denominado 'mórula'; ao mesmo tempo, ajudado por contrações nas trompas, chega ao útero, onde vai implantar-se (nidação) e completar os nove meses de gravidez. Fatores de ordem biológica, médica ou psíquica, podem impedir a união de células germinativas masculina e feminina, determinando, por vezes, a esterilidade e, por outras, a incapacidade para procriar. Visando corrigir tais anomalias, a medicina moderna apresenta alguns métodos artificiais para atenuar os problemas relativos à reprodução. Daí porque costuma-se denominar o uso de tais meios, genericamente, de *fecundação artificial* (...). Dentre os modos de fecundação ou procriação artificial, também denominada reprodução humana artificial ou reprodução humana assistida, impõe-se, desde logo, a distinção entre *inseminação artificial (I.A.) e fertilização in vitro (F.I.V.)*. A expressão inseminação artificial (...) é destinada a designar a técnica que consiste em ser insemi-

contemporânea – e de um novo espaço – o do Direito Civil-Constitucional, cujo triunfar no ordenamento jurídico se dá pela interpenetração do direito público e do direito privado,[203] num diálogo incessante e renovador de todo o sistema jurídico.[204]

---

nada a mulher com esperma previamente colhido através do onanismo e injetado, pelo médico, na cavidade uterina ou no canal cervical, no período em que o óvulo se encontra suficientemente maduro para ser fecundado. A inseminação artificial pode ser homóloga ou heteróloga. A inseminação artificial homóloga é a realizada com a utilização do sêmen do marido ou do companheiro da paciente. (...) Para a inseminação artificial heteróloga utiliza-se o esperma de um doador fértil. (...) Desenvolvida no sentido de contornar a esterilidade conjugal devida a fator tubário irreversível, a *fertilização in vitro (F.I.V.)* consiste na obtenção de óvulos que são fertilizados em laboratório, sendo os embriões posteriormente transferidos diretamente para a cavidade uterina". Grifo do original. (MEIRELLES, Jussara. *Gestação...*, *op. cit*, p. 36-37).

[203] Gustavo Tepedino, ao primar pela tentativa de reunificação do Direito Civil à luz da Constituição, afirma que "a interpenetração do direito público e do direito privado caracteriza a sociedade contemporânea, significando uma alteração profunda nas relações entre o cidadão e o Estado. (...) Daí a inevitável alteração dos confins entre o direito público e o direito privado, de tal sorte que a distinção deixa de ser qualitativa e passa a ser meramente quantitativa, nem sempre se podendo definir qual exatamente é o território do direito privado" (TEPEDINO, Gustavo. Premissas metodológicas para a constitucionalização do direito civil. In: ———. *Temas de Direito Civil*. Rio de Janeiro: Renovar, 1999. p. 19).

[204] Esta renovação tem sua nascente no sistema jurídico italiano, irradiando-se a partir da década de 40 para os ordenamentos jurídicos de tradição romano-germânica. Com a promulgação do Código Civil italiano em 1942, em pleno regime fascista, sua manutenção deu-se pelo emprego de um mecanismo de leitura pautada na Constituição Italiana de 1948. Neste sentido, as palavras de Pietro Perlingieri: "o conjunto de valores, de bens, de interesses que o ordenamento jurídico considera e privilegia, e mesmo a sua hierarquia, traduzem o tipo de ordenamento com o qual se opera. Não existe, em abstrato, o ordenamento jurídico, mas existem os ordenamentos jurídicos, cada um dos quais caracterizado por uma filosofia de vida, isto é, por valores e por princípios fundamentais que constituem a sua estrutura qualificadora. O ordenamento italiano constitui-se por leis e códigos que foram e são expressões de uma ideologia e de uma visão do mundo diversas daquelas que caracterizam a sociedade moderna, e, de qualquer modo, certamente diversas daquelas que estão presentes na Constituição da República. A questão da aplicabilidade simultânea de leis inspiradas em valores diversos resolve-se somente tendo consciência de que o ordenamento jurídico é unitário. A solução para cada controvérsia não pode mais ser encontrada levando em conta simplesmente o artigo de lei que parece contê-la e resolvê-la, mas, antes, à luz do inteiro ordenamento jurídico, e, em particular, de seus princípios fundamentais, considerados como opções de base que o caracterizam" (PERLINGIERI, Pietro. *Perfis...*, *op. cit*., p. 5).

É com essa nova moldura que o tema da revelação da origem genética ganha relevo na contemporaneidade, permitindo a consagração, no sistema jurídico brasileiro, do direito à identidade pessoal como conteúdo jurídico do princípio da dignidade da pessoa humana. Essa consagração parte de duas premissas. A primeira relativa ao elo biológico da filiação como elemento da construção da identidade pessoal, e a segunda refere-se ao sentido da dignidade da pessoa humana como princípio constitucional.

No tocante à primeira premissa, ela relaciona-se com o significado jurídico da filiação biológica, de tal sorte que, com esse atributo, estabelece-se que a ascendência genética paterna incorpora a construção da identidade pessoal de todo ser humano, ao proporcionar a elaboração subjetiva da imagem da figura do pai genético em seu processo de identificação, tão essencial à formação da personalidade e ao equilíbrio emocional.[205]

A relevância da identidade pessoal retrata-se na aquisição do patronímico, na localização familiar e social de quem adquire o *status* de filho.

---

[205] Reforçando esta assertiva e buscando na interdisciplinaridade uma visão empírica da questão da identidade paterna, v. a tese de doutorado de Luzia Aparecida Martins Yoshida, desenvolvida na área da psiquiatria e intitulada "As repercussões da ausência paterna sobre a construção da identidade do adolescente". No estudo realizado pela autora, cujo propósito é avaliar a influência da ausência paterna sobre a personalidade do filho adolescente, sobre o seu processo de aquisição de identidade e alguma possível associação entre esta ausência paterna e a violência social, os instrumentos utilizados foram (i) questionário para pesquisar os dados pessoais e da família dos sujeitos e (ii) entrevista e testes projetivos, para a avaliação das personalidades dos adolescentes, bem como a imagem paterna dos mesmos. O sujeito analisado foi o adolescente de 11 a 15 anos de idade, de 5ª ou 6ª série de escola pública. A análise dos resultados revela jovens que expressam sofrimento emocional e imaturidade. Conduz também à obtenção de conhecimentos sobre os novos modelos de família mais presentes na sociedade contemporânea. Além disso, conclui que os jovens introjetam imagens de figuras paternas distorcidas, ora idealizadas, ora extremamente distantes ou desvalorizadas, dificultando o processo de identificação tão essencial à formação da personalidade e ao equilíbrio emocional. (YOSHIDA, Luzia Aparecida Martins. *As repercussões da ausência paterna sobre a construção da identidade do adolescente*. 2001.Tese (Doutorado em Ciências Médicas) - Universidade Estadual de Campinas).

Em estudo desenvolvido por advogados, psicólogos e assistentes sociais, baseado em casos forenses, sustentou-se a importância da revelação da origem genética como elemento que compõe a identidade mais ampla da pessoa, contribuindo para o desenvolvimento da noção de inserção em uma determinada família, cuja base está na biparentalidade biológica.

A proposta de tal estudo reconhece a relevância do que se denomina "direito individual a uma identidade civil reconhecida", anotando a importância da reconstituição da história da relação homem e mulher que geraram o filho, das circunstâncias em que se deu a gestação, se desejada por um ou por ambos, interesses ocultos de um ou de outro, interferências das famílias, dentre outros aspectos.[206]

Essa relevância permite afastar a visão reducionista que, *a priori*, pode transparecer do mero sentido biológico da filiação, muito embora a inafastável força do vínculo biológico que une, antes de tudo, pais e filhos, expressa na assertiva de Catherine Labrusse-Riou: "toda filiação resulta de um fato natural – a procriação – e

---

[206] CATTANI, Aloysio Raphael et al. "O nome e a investigação de paternidade: uma nova proposta interdisciplinar". In: *Caderno de estudos do Instituto Brasileiro de Estudos Interdisciplinares de direito de família*, n. 2, São Paulo, Editora Jurídica Brasileira, 1998, p. 19-39. Extrai-se passagem do estudo, útil a elucidar a importância da revelação da ascendência genética: "Psicológica e socialmente, isto representa a aceitação própria e do grupo social mais amplo, retirando o indivíduo da colocação da clandestinidade e marginalidade. Em muitos casos, ainda que conhecendo o indivíduo sua origem biológica, e até mesmo podendo contar com uma figura substituta desempenhando o papel de pai, estas condições não suprem a necessidade pessoal de ostentar o nome de família. A rejeição a este direito básico com freqüência promove efeitos catastróficos, psicológica e socialmente, é fonte de muito sofrimento, em muitos casos insuperável sem ajuda especializada. A partir das discussões na Comissão, foram sendo abordados aspectos jurídicos, psicológicos e sociais envolvidos nas ações de investigação de paternidade. Levantaram-se vários pontos que deveriam ser levados em conta em processos dessa natureza. Esboçou-se, então, uma proposta de acompanhamento psicológico e social nas ações que, em juízo, envolvem a questão da paternidade – isto, com um objetivo profilático e, em certo sentido, também terapêutico, envolvendo não só o indivíduo mas, igualmente, as redes familiar, profissional e social". (p. 20).

engendra, em geral, uma ligação humana durável entre pais e filhos".[207]

A segunda premissa diz respeito ao que se entende por dignidade da pessoa humana, compreensão que se destina à possibilidade de se poder inferir, pela inserção em seu conteúdo, do direito fundamental da pessoa à sua identidade pessoal e, como corolário, quais os efeitos provocados por essa nova tutela em todo o sistema jurídico brasileiro.

O entendimento do que seja dignidade da pessoa humana pode ser ancorado na concepção kantiana[208] de que o ser humano é dotado de dignidade enquanto tal. Kant asseverou que:

"No reino dos fins, tudo tem um preço ou uma dignidade. Quando uma coisa tem um preço, pode pôr-se em vez dela qualquer outra como equivalente; mas quando uma coisa está acima de todo preço, e portanto não permite equivalente, então ela tem dignidade. (...) Dignidade constitui a condição graças à qual qualquer coisa pode ser um fim em si mesma, não tem somente um valor relativo, isto é, um preço, mas um valor íntimo".[209]

Tal noção conduz ao entendimento de que o ser humano, por ser dotado de dignidade, não pode ser objeto de troca ou sacrifícios que atentem contra si em toda sua dimensão – física, espiritual, moral – não se lhe atribuindo preço pelo fato de que não pode ser mensurado.

---

[207] LABRUSSE-RIOU, Catherine. *Droit de la...*, op. cit., p. 86. Do original consta: "Toute filiation resulte d'um fait de nature – la procréation – et engendre en général un lien humain durable entre parents et enfant».
[208] A Filosofia de Kant é aqui enaltecida como contribuição à compreensão do que seja dignidade da pessoa humana. Não se pretende, com isto, enveredar para a seara filosófica. Trata-se de um recorte epistemológico, útil ao presente estudo.
[209] KANT, Immanuel. *Fundamentação da metafísica dos costumes*. Tradução de Paulo Quintela. Porto: Porto Ed., 1995 p. 71-72.

A noção de ser humano como um fim em si mesmo é o cerne da dignidade humana como vista por Kant,[210] transparecendo, ainda, desta noção a dimensão ética – sujeito moral – deste ser, porquanto como pessoa que é, possui direitos e deveres em suas relações com os demais seres humanos, a consagrar o respeito recíproco como princípio fundamental do Direito.[211]

Não minimizando a relevância de uma fundamentação filosófica da dignidade e, não obstante, se possa admitir que a dignidade é dado prévio a toda experiência investigativa do conhecimento, tal como é a própria pessoa,[212] não se pode olvidar que é no espaço do Direito em que a dignidade pode desempenhar papel crucial na proteção integral da pessoa, incumbindo aos operadores jurídicos a construção do conteúdo deste atributo intrínseco de todo ser humano, para tomá-lo como valor-guia de todo o ordenamento jurídico – constitucional e infraconstitucional.

Como critério formal, a absorção pelo Direito do atributo dignidade da pessoa humana é encontrável na Declaração Universal dos Direitos Humanos, promulgada pela Organização das Nações Unidas, que em seu artigo 1º declara "todos os seres humanos nascem livres e iguais em dignidades e direitos. Dotados de razão e

---

[210] É o que se verifica na seguinte passagem de KANT, Immanuel. *Fundamentação, op. cit.*, p. 65. "Admitindo, porém, que haja alguma coisa cuja existência em si mesma tenha um valor absoluto e que, como fim em si mesmo, possa ser a base de leis determinadas, nessa coisa e só nela é que estará a base de um possível imperativo categórico, de uma lei prática. Ora, digo eu: o homem, e, de uma maneira geral, todo ser racional, existe como um fim em si mesmo, não só como meio para o uso arbitrário desta ou daquela vontade. Pelo contrário, todas as suas ações, tanto nas que se dirigem a ele mesmo como nas que se dirigem a outros seres racionais, ele tem sempre de ser considerado simultaneamente como fim".

[211] LARENZ, Karl. *Derecho justo*: fundamentos de ética jurídica. Tradução de Luis Díez-Picazo. Madrid: Civitas, 1993. p. 56-57.

[212] *Cf.* SILVA, José Afonso da. A dignidade da pessoa humana como valor supremo da democracia. *Revista de Direito Administrativo*, Rio de Janeiro: Renovar, v. 212, 1998, p. 91, sob inspiração kantiana, aduzindo que a dignidade da pessoa humana "não é uma criação constitucional, pois ela é um desses conceitos *a priori*, um dado preexistente a toda experiência especulativa, tal como a própria pessoa humana".

consciência, devem agir uns para com os outros em espírito e fraternidade", preceito que resgatou os valores essenciais do ser humano após a Segunda Guerra Mundial.[213]

Migrando do Direito Internacional para o Direito Constitucional, é na Constituição Federal dos diferentes Estados que a dignidade da pessoa humana ganha espaço e relevo como princípio constitucional, dotado de normatividade jurídica superior,[214] a exemplo das Leis Fundamentais da Alemanha,[215] da Itália,[216]

---

[213] Acerca do tema, LUDWIG, Marcos de Campos. O direito ao..., op. cit., p. 283-284, sustenta que a doutrina do nacional-socialismo na Alemanha, reconhecia na sociedade – devidamente compreendida como "sociedade nazista" – a única realidade, sendo o indivíduo considerado mero apêndice, como se privado de vida própria. Neste contexto, apregoando a hegemonia racial, promulga-se a Lei do Cidadão do Reich (Reichsbürgergesetz – RBG), a 15 de setembro de 1935, extirpando o conceito de pessoa do ordenamento jurídico alemão e adotando em seu lugar a noção de Reichsbürger (cidadão do Reich), nos termos do § 2º da referida lei: "Cidadão do Reich é apenas o nacional de sangue alemão ou afim, que com seu comportamento demonstre que está disposto e apto a servir com lealdade ao povo e ao Reich alemães". Durante o regime nacional-socialista predominou um verdadeiro sistema de capacidades jurídicas escalonadas, que reconhecia certas pessoas como Untermenschen (subhomens). Essa experiência ocasionou o ocaso dos direitos humanos mediante um processo de banalização e desolação.

[214] Neste aspecto, SCHIER, Paulo Ricardo. Filtragem constitucional: construindo uma nova dogmática jurídica. Porto Alegre: Sérgio Fabris, 1999. p. 130, aduz que por serem os princípios constitucionais dotados de normatividade jurídica superior e por expressarem uma reserva histórica de justiça da sociedade, é permissível a imposição aos operadores jurídicos de um comprometimento com a normatividade integral dos valores constitucionais e sua realização na sociedade.

[215] "Artigo 1 (Proteção da dignidade do homem) (1) A dignidade do homem é intangível. Respeita-la e protege-la é obrigação de todo o poder público".

[216] "Artigo 3º. Tutti i cittadini hanno pari dignità sociale e sono eguali davanti alla legge, senza distinzione di sesso, di razza, di lingua, di religione, di opinioni politiche, di condizioni personali e sociali. È compito della Repubblica rimuovere gli ostacoli di ordine economico e sociale, che, limitando di fatto la libertà e l'eguaglianza dei cittadini, impediscono il pieno sviluppo della persona umana e l'effettiva partecipazione di tutti i lavoratori all'organizzazione politica, economica, e sociale del Paese". Tradução: ("Todos os cidadãos têm a mesma dignidade social e são iguais perante a lei, sem distinção de sexo, raça, língua, religião, opiniões políticas, condições pessoais e sociais. É dever da República remover os obstáculos de ordem econômica e social que, limitando de fato a liberdade e a igualdade dos cidadãos, impedem o pleno desenvolvimento da pessoa humana e a efetiva participação de todos os trabalhadores na organização política, econômica e social do país".)

de Portugal,[217] da França[218] e do Brasil.[219]

Em seu sentido material, cabe reconhecer a dificultosa tarefa doutrinária nacional e estrangeira de obter uma definição consensual, precisa e universalmente válida do que seja a dignidade da pessoa humana, a não ser a concepção racional de que se trata da própria condição humana, do valor intrínseco de ser humano e que dessa condição e de seu reconhecimento pela ordem

---

[217] "Artigo 1º. – (República Portuguesa) Portugal é uma República soberana, baseada na dignidade da pessoa humana e na vontade popular e empenhada na construção de uma sociedade livre, justa e solidária".

[218] Na França, o Conselho Constitucional, conciliando o preâmbulo da Constituição Francesa de 1946, suas alíneas 10ª e 11ª, e os artigos 1º, 2º e 4º da Declaração dos Direitos do Homem e do Cidadão, elaborou decisão sobre Bioética (decisão nº 94-343-344), tomada pelo Presidente da Assembléia Nacional francesa e 68 deputados, em 27 de julho de 1994, consagrando o princípio da dignidade da pessoa humana como valor fundamental da Nação. A ementa da decisão é a seguinte: "BIOÉTIQUE (343-344) Droit constitutionnel des libertés. Dignité de la personne humaine. Décision nº 94-343-344, Article 61 al. 2 de la Constitution. Saisine par le Président de l'Assemblée nationale et 68 députés. Loi relative au respect du corps humain et loi relative au don et l'utilisation des éléments et produits du corps humain, à l'assistance médicale, à la procréation et au diagnostic prénatal. Conciliation de la première phrase du Préambule de la Constitution de 1946 avec les articles 1º, 2 et 4 de la Déclaration des droits de l'homme et du citoyen et les 10ª et 11ª alinéas du Préambule de la Constitution de 1946. Pouvoir d'appréciation discrétionnaire du législateur. Principes à valeur constitutionnelle: Principe de la responsabilité personnelle en matière civile. Première consécration constitutionnelle du principe de sauvegarde de la dignité de la personne. Fondement constitutionnel à la liberté individuelle: Déclaration des droits de l'homme et du citoyen (art. 2) In: FAVOREU, Louis; PHILIP, Loïc. Les grandes décisions du Conseil constitutionnel. 8. ed. Paris: Dalloz, 1995. p. 847. Tradução: ("Bioética (343-344) Direito constitucional de liberdades. Dignidade da pessoa humana. Decisão nº 94-343-344, artigo 61, alínea 2 da Constituição. Tomada pelo Presidente da Assembléia Nacional e 68 deputados. Lei relativa ao respeito do corpo humano e lei relativa ao dom e à utilização dos elementos e produtos do corpo humano, à assistência médica, à procriação e ao diagnóstico prénatal. Conciliação da primeira frase do Preâmbulo da Constituição de 1946 com os artigos 1º, 2 e 4 da Declaração dos Direitos do Homem e do Cidadão e alienas 10ª e 11ª do Preâmbulo da Constituição de 1946. Poder de apreciação discricionária do legislador. Princípios com valor constitucional: Princípio da responsabilidade pessoal em matéria civil. Primeira consagração constitucional do princípio de salvaguarda da dignidade da pessoa. Fundamento constitucional da liberdade individual. Declaração dos direitos do homem e do cidadão".)

[219] "Artigo 1º. A República Federativa do Brasil, formada pela união indissolúvel dos Estados e Municípios e do Distrito Federal, constitui-se em Estado Democrático de Direito e tem como fundamentos: III – a dignidade da pessoa humana".

jurídico-constitucional decorre um complexo de posições jurídicas fundamentais, todas norteadas pelo princípio vetor da dignidade.

Ingo Wolfgang Sarlet, nessa tentativa de formulação conceitual, revela que a dignidade da pessoa humana é apreendida em uma dupla dimensão, não antitéticas, mas complementares: (i) a idéia de que a dignidade da pessoa é algo imanente à sua natureza humana, no sentido de uma qualidade inata e pura, vinculada à idéia de autodeterminação no que diz com as decisões essenciais a respeito da própria existência, e (ii) a concepção de que a dignidade tem também um sentido histórico-cultural, sendo fruto do trabalho de diversas gerações e da humanidade em seu todo, concretizando-se no tratamento digno emanado tanto da conduta estatal quanto do comportamento de cada pessoa, numa perspectiva assistencial ou protetiva, dimensões estas que se complementam e interagem mutuamente.[220]

Subsume-se desse sentido dúplice a existência de um direito fundamental de toda pessoa ser titular de direitos fundamentais garantidos pela tutela estatal, a serem conferidos tanto nas relações dos particulares com o Estado quanto nas relações entre particulares, que reconheçam, assegurem e promovam justamente a condição de pessoa com dignidade no âmbito de uma comunidade, podendo-se vislumbrar no valor-guia *dignidade da pessoa humana* um direito do qual emanam outros direitos, dos quais se pode deduzir autonomamente posições jurídico-subjetivas fundamentais.[221]

Na conexão do princípio da dignidade da pessoa humana com os direitos fundamentais, surge a função do dito princípio como critério para a construção de um conceito materialmente aberto de direitos fundamentais.

---

[220] SARLET, Ingo Wolfgang. *Dignidade da pessoa humana e direitos fundamentais na Constituição Federal de 1988*. Porto Alegre: Livraria do Advogado, 2001. p. 45-49.
[221] *Ibidem*, p. 102.

É justamente nesse aspecto que o princípio da dignidade da pessoa humana – como receptor e garantidor dos direitos fundamentais – permite receber como um de seus feixes luminosos, a contribuir com a construção de seu conteúdo jurídico, o direito fundamental à identidade pessoal, em sua faceta de revelador da historicidade pessoal, por meio do conhecimento da ascendência genética, que contém, ainda, o direito à integridade psíquica ou moral consistente na proteção que a ordem jurídica concede à pessoa em relação à sua honra, liberdade, intimidade, imagem e nome.

Nesse contexto, é possível sustentar que a dignidade, na condição de valor intrínseco do ser humano e concretizado no tratamento digno da conduta estatal de proteção integral à pessoa,[222] deve permitir a realização de sua condição existencial integralmente, a qual se concretiza, no viés da natureza humana, pelo desvelar do *fantasma* da origem a permitir a identificação do genitor.

Tal concepção se explica, também, no fato de que houve um tempo em que a ascendência genética, quando não declarada no assento de nascimento ou quando não coincidente com o vínculo jurídico registrado, era concebida pelo Estado, por meio do Direito, como um fato irrelevante de ser acolhido pelo ordenamento jurídico, por consubstanciar um ato violador da ética e da moral consagradas pela sociedade da época, cujos valores encontravam morada no sistema codificado do século XX.

Some-se a essa constatação a impotência da Biologia, que perdurou até o advento do DNA, em fornecer mecanismos precisos de revelação científica da origem genética.

---
[222] Neste sentido, Gustavo TEPEDINO, ao referir-se ao princípio da dignidade da pessoa humana, sustenta a existência na ordem jurídica brasileira de uma 'cláusula geral de tutela e promoção da pessoa humana, tomada como valor máximo pelo ordenamento jurídico'. (TEPEDINO, Gustavo. A tutela da..., *op. cit.*, p. 48).

Contudo, tanto o Direito quanto a Biologia revelaram seus progressos no avanço do tema no curso do século XX, e chegam ao século XXI imprimindo uma nova ordem à sociedade e ao Estado, que resulta na consagração de novos valores e desencadeia uma releitura do sistema jurídico nacional tomado em análise nesse estudo, inspirada em concepções construídas pelo direito comparado, a exemplo da Alemanha e de Portugal.

Se esta oxigenação e aprimoramento foram parcialmente incorporados pelo Direito brasileiro, o fato é que o sistema jurídico nacional ainda se encontra refreado por óbices que impedem o amplo e efetivo exercício do direito ao conhecimento da origem genética, o que leva à conclusão de que a perspectiva do reconhecimento do direito fundamental à identidade pessoal ou à revelação da origem genética revela-se, no Brasil, ainda, incipiente.

É preciso repensar e reformular, em nível nacional, o entendimento acerca do direito à ascendência genética, haja vista ser tímida, ainda, a noção de tal direito.

Importante assinalar, como já feito anteriormente, que toda pessoa necessita saber sua origem – trata-se de uma necessidade humana – e desenvolver sua personalidade a partir da paridade ontológica, não se podendo identificar no sistema jurídico brasileiro da atualidade, quando prevê a possibilidade de revelação da origem genética, seja em nível constitucional ou em nível infraconstitucional, um abrigo seguro do anseio de permitir à pessoa a construção de sua própria identidade.

O legislador ordinário contemplou o reconhecimento do estado de filiação como direito personalíssimo, imprescritível e indisponível, exercitado pela pessoa sem qualquer restrição, consoante o disposto no artigo 27 do Estatuto da Criança e do Adolescente (Lei nº 8.069/90).

Essa preocupação do legislador nacional foi reforçada com a edição da Lei da Averiguação e Investigação da Paternidade Extramatrimonial (Lei nº 8.560/92), que consagrou o direito dos filhos havidos fora do casamento, aí compreendidos também os advindos da união estável, poderem ser reconhecidos sem qualquer espécie de barreiras, garantindo ao filho reconhecido exclusivamente pela mãe o direito à averiguação oficiosa da sua paternidade.[223]

Poder-se-ia, numa interpretação libertária em prol dos filhos que buscam conhecer sua origem genética, entender que tais normas, expressamente, recepcionam as linhas germânica e lusitana do direito fundamental da pessoa ao conhecimento da ascendência biológica, permitindo-lhe ser identificado como filho de alguém, ter um nome de família, saber de sua origem, de seus laços com sua família, poder com ela conviver, ou, pelo menos, identificá-la na sociedade.[224]

Não obstante tal constatação, é perceptível a existência, na interpretação das normas contidas no sistema jurídico brasileiro, de impedimentos ou dificuldades no conhecimento da ascendência biológica.

Dessume-se, então, que as previsões infraconstitucionais não são suficientes para garantir o livre acesso aos dados da progenitura, merecendo uma tutela maior, garantidora, efetivamente, do direito à identidade pessoal.

Essa possível tutela encontra guarida no Direito Civil-Constitucional, que prima pela busca da solução de uma determinada controvérsia à luz do ordenamento jurídico em sua integralidade, e, em particular, de seus princípios constitucionais fundamentais, consubstanciando-se numa exegese do artigo 5º, § 2º, da Constitui-

---

[223] É o que consta do artigo 2º: "Em registro de nascimento de menor apenas com a maternidade estabelecida, o oficial remeterá ao juiz certidão integral do registro e o nome e prenome, profissão, identidade e residência do suposto pai, a fim de ser averiguada oficiosamente a procedência da alegação".
[224] MARQUES, Cláudia Lima. Visões sobre o teste de paternidade através do exame do DNA em direito brasileiro – direito pós-moderno à descoberta da origem? In: LEITE, Eduardo de Oliveira (Coord.). *Grandes temas da atualidade*: DNA como meio de prova da filiação. Aspectos constitucionais, civis e penais. Rio de Janeiro: Forense, 2000. p. 50.

ção Federal de 1988,[225] que leva em conta tanto o conteúdo do princípio da dignidade da pessoa humana quanto a recepção da Convenção de Direitos da Criança pelo ordenamento brasileiro, através do Decreto nº 99.710, de 22.11.1990. A isso, pode-se somar a contribuição do princípio da paternidade responsável previsto no artigo 226, § 7º, do Texto Constitucional brasileiro.[226]

Nesse rumo, não é mais possível pensar que o amparo do Direito ao conhecimento do estado de filiação paterna dá-se levando em conta simplesmente os artigos de lei que o contém – Leis nº 8.069/90 (art. 27) e nº 8.560/92 (art. 2º).

O conhecimento da origem requer mais do sistema jurídico, e é assim que se prima por um *descender, com*

---

[225] Que prescreve: "Os direitos e garantias expressos nesta Constituição não excluem outros decorrentes do regime e dos princípios por ela adotados, ou dos tratados internacionais em que a República Federativa do Brasil seja parte". Destaca-se, aqui, a lição de PIOVESAN, Flávia. *Direitos humanos e o direito constitucional internacional*. São Paulo: Max Limonad, 2002. p. 73-74: "Ora, ao prescrever que 'os direitos e garantias expressos na Constituição não excluem outros direitos decorrentes dos tratados internacionais', a contrário senso, a Carta de 1988 está a incluir, no catálogo de direitos constitucionalmente protegidos, os direitos enunciados nos tratados internacionais em que o Brasil seja parte. Este processo de inclusão implica na incorporação pelo Texto Constitucional destes direitos. Ao efetuar tal incorporação, a Carta está a atribuir aos direitos internacionais uma hierarquia especial e diferenciada, qual seja, a hierarquia de norma constitucional. Os direitos enunciados nos tratados de direitos humanos de que o Brasil é parte integram, portanto, o elenco dos direitos constitucionalmente consagrados. Esta conclusão advém ainda de interpretação sistemática e teleológica do texto, especialmente em face da força expansiva dos valores da dignidade humana e dos direitos fundamentais, como parâmetros axiológicos a orientar a compreensão do fenômeno constitucional".

[226] Cuja dicção é a seguinte: "Fundado nos princípios da dignidade da pessoa humana e da paternidade responsável, o planejamento familiar é livre decisão do casal, competindo ao Estado propiciar recursos educacionais e científicos para o exercício desse direito, vedada qualquer forma coercitiva por parte de instituições oficiais ou privadas". Neste aspecto, importante a ressalva de Paulo Luiz Netto Lobo acerca do princípio da paternidade responsável, quando diz: "o conceito da paternidade responsável, referido no art. 226, § 7º, da Constituição, não pode ser reduzido ao de genitor biológico. Está relacionado ao planejamento familiar, como 'livre decisão do casal', o que supõe par andrógino vivendo em comunhão de afeto. Supõe, igualmente, a liberdade de adotar filhos, no âmbito do planejamento familiar". (LÔBO, Paulo Luiz Netto. O exame de DNA e o princípio da dignidade da pessoa humana. *Revista brasileira de direito de família*, Porto Alegre: Síntese, n. 1, p. 73, abr./ jun. 1999).

dignidade, possibilitando ao filho o livre acesso aos dados de sua progenitura paterna, foco de atenção dessa tese, emergindo dela um bem jurídico tutelado pelo Direito Civil-Constitucional brasileiro.

Disso resulta a proposta de que o Direito pátrio recepcione ampla e efetivamente o direito à identidade pessoal – *como revelador de um novo tempo e um novo espaço* – a partir do afastamento dos óbices existentes na interpretação das normas contidas no ordenamento jurídico, já que se sobrepõe, como direito fundamental da pessoa, a todo e qualquer outro direito que com ele colida.

4.2. Colisão de direitos fundamentais na busca da origem genética: o direito de ser filho

A operacionalização de conflitos de interesses juridicamente relevantes na busca da origem genética exemplifica o primeiro dos óbices invocados na leitura do ordenamento jurídico brasileiro contemporâneo: a recusa do investigado em submeter-se à prova científica em DNA é obstáculo veemente à revelação da verdade biológica nas ações de investigação de paternidade.

A legitimidade da recusa nasceu de um entrave estabelecido entre dois direitos: de um lado, o direito do filho de conhecer sua ascendência genética por meio da prova de alcance científico da verdade biológica – o exame em DNA – e de outro, o direito do suposto pai, ou dos seus herdeiros no caso de investigação *post mortem*[227]

---

[227] O seguinte julgado ilustra tal hipótese: "Constitucional. Mandado de segurança. Investigação de paternidade *post mortem*. Exame de DNA. Determinação judicial ao cônjuge supérstite. Abuso de autoridade. Recusa. Conseqüência. Segurança concedida. 1. O filho tem direito de ser alimentado por seu genitor, bem como, receber herança (artigo 5º, XXX, da Constituição Federal de 1988). 2. Para obter o reconhecimento de paternidade *post mortem*, não pode o magistrado mandar reconstruir o genótipo (DNA) do pai com exames obrigatórios dos filhos e do cônjuge supérstite. 3. Nenhum exame de DNA é compulsório em matéria civil. 3.1. Se ao pai, quando vivo, não se pode obrigá-lo a fornecer material para exame, sob pena de violar a intimidade e a intangibilidade da pessoa, pior é obrigar outras pessoas, que sequer são

negarem-se à realização do exame, por quaisquer das formas possíveis de extrair-se células de DNA.[228] Dessa colisão, na interpretação do Direito brasileiro atual, o direito do investigado consagra-se como prevalente e, em razão disso, torna-se o primeiro óbice à revelação da verdade científica da filiação, impedindo o conhecimento da ascendência genética.

A consagração dessa prevalência foi objeto da decisão já invocada, proferida pelo plenário do Supremo Tribunal Federal, no *Habeas Corpus* nº 71.373-4/RS, relator Ministro Francisco Rezek.

No acórdão proferido pelos ministros do Supremo Tribunal Federal que, por maioria de votos,[229] concederam a ordem ao paciente para não realizar o exame pericial em DNA, encontram-se as vigas mestras da reflexão ora desenvolvida, traduzidas nas seguintes passagens do voto do Ministro-Relator:

> "O que temos agora em mesa é a questão de saber qual o direito que deve preponderar nas demandas de verificação de paternidade: o da criança à sua real (e não apenas presumida) identidade, ou o do indigitado pai à sua intangibilidade física.
>
> É alentador observar, na hora atual, que a visão individuocêntrica, preocupada com as prerrogati-

---

partes no processo a se submeterem a tais exames. 4. O constrangimento do cônjuge à sujeição de exame de DNA é violação ao princípio da apresentação de prova lícita no processo, no campo do direito público. É violação dos direitos fundamentais no direito constitucional. É violentar a moral pública, vulnerando a lealdade familiar e humilhando a detentora da dignidade de quem é, na verdade, a parte ofendida. 5. A recusa à realização de provas objetivas enseja ao magistrado a utilização de outros meios jurídico-instrumentais válidos, inclusive a presunção, para desate da ação". (BRASIL. Tribunal de Justiça do Distrito Federal, Mandado de Segurança nº 19980020007154, relator desembargador João Mariosa, j. 24/06/1998, DJU 16/09/1998).

[228] Pode-se extrair DNA de várias partes do corpo humano, como o sangue, o sêmen, a raiz do cabelo, a pele, a placenta, os ossos, a saliva, a urina, os dentes, os músculos. (*Cf.* RASKIN, Salmo. *Investigação...*, *op. cit.*, p. 34.

[229] Foram votos vencedores os dos Ministros Marco Aurélio, Octavio Gallotti, Moreira Alves, Néri da Silveira, Sydney Sanches e Celso de Mello e votos vencidos os dos Ministros Francisco Rezek (Relator), Sepúlveda Pertence, Carlos Velloso e Ilmar Galvão.

vas do investigado, vai cedendo espaço ao direito elementar que tem a pessoa de conhecer sua origem genética. A verdade jurídica, geralmente fundada em presunção, passa a poder identificar-se com a verdade científica".[230]

É importante assinalar que a discussão levada às portas da Suprema Corte, não obstante a decisão ter respeitado as prerrogativas do suposto pai, patenteia no Direito brasileiro a importância do patrimônio genético de toda pessoa, defendida nesse estudo.

O debate que se instaurou no Supremo Tribunal Federal à época do julgado revestiu-se do que se denomina *colisão de direitos fundamentais,* consubstanciada na hipótese de determinados direitos da mesma categoria, que recebem igual tutela jurídica e pertencem a duas ou mais pessoas distintas, entrarem em conflito, numa verdadeira colisão de interesses juridicamente relevantes.

Nesse conflito, a dignidade da pessoa humana – tutela máxima na proteção da pessoa e como princípio atrativo de todos os direitos fundamentais – é valor primordial tanto para os direitos do investigante, quanto para os do investigado, é atingida.

Assim, de um lado é defensável o direito do filho na busca do conhecimento da ascendência genética, porquanto o estado de descendente biológico, com a conseqüente inserção na ancestralidade, é direito fundamental indisponível, irrenunciável, imprescritível e intangível.

De outro viés, está o direito fundamental do investigado, que se subsume na defesa dos direitos fundamentais à liberdade, à intimidade, à vida privada, à intangibilidade física e da não obrigatoriedade de produção de provas contra si. Compreende, também, o argumento de que qualquer parte do corpo – dedo, unha, fio de cabelo – é indissociável do corpo humano e

---
[230] HC 71.373-4/RS, DJU 22/11/1996.

da pessoa, não lhe podendo ser atribuída a condição de coisa à parte, de modo que não é possível tratar do corpo humano, ou um elemento dele, como uma parte dissociada do todo, um bem que possa ser disposto pela vontade de terceiro ou do Estado, porquanto o corpo humano é a pessoa em si.[231]

Amparado nas disposições constitucionais acima elencadas, o suposto pai resiste à realização da prova científica da paternidade, alegando ser cabível a sua recusa, face aos princípios constitucionais que tutelam a personalidade humana.[232]

---

[231] ARRUDA, José Acácio; PARREIRA, Kleber Simônio. *A prova judicial de ADN*. Belo Horizonte: Del Rey, 2000. p. 140.

[232] Nesta esteira de pensamento, o Ministro do Supremo Tribunal Federal, Marco Aurélio, ao proferir seu voto no *Habeas Corpus* 71.373/RS, DJU 22/11/1996, registra que "ninguém está compelido, pela ordem jurídica, a adentrar a justiça para questionar a respectiva paternidade, da mesma forma que há conseqüências para o fato de vir aquele que é apontado como pai a recusar-se ao exame que objetive o esclarecimento da situação. É certo que compete aos cidadãos em geral colaborar com o Judiciário, ao menos na busca da prevalência dos respectivos interesses e que o sacrifício - na espécie, uma simples espetadela não é tão grande assim. Todavia, princípios constitucionais obstaculizam a solução dada à recusa. Refiro-me, em primeiro lugar, ao da legalidade, no que ninguém é obrigado a fazer ou deixar de fazer alguma coisa senão em virtude de lei. Inexiste lei reveladora de amparo à ordem judicial atacada neste *habeas corpus* no sentido de o Paciente, réu na ação de investigação de paternidade, ser conduzido ao laboratório para a coleta do material indispensável ao exame. Ainda que houvesse, estaria maculada, considerados os interesses em questão eminentemente pessoais e a inegável carga patrimonial pela inconstitucionalidade. Digo isto porquanto a Carta Política da República [...] consigna que são invioláveis a intimidade, a vida privada, a honra e a imagem das pessoas inciso X do rol das garantias constitucionais (art. 5). Onde ficam a intangibilidade do corpo humano, a dignidade da pessoa, uma vez agasalhada a esdrúxula forma de proporcionar a uma das partes, em demanda cível, a feitura de uma certa prova? [...] É irrecusável o direito do paciente de não ser conduzido, mediante coerção física, ao laboratório. É irrecusável o direito do paciente de não permitir que se lhe retire, das próprias veias, porção de sangue, por menor que seja, para a realização do exame. A recusa do paciente há de ser resolvida não no campo da violência física, da ofensa à dignidade humana, mas no plano instrumental ou seja, o da investigação de paternidade a análise cabível e a definição, sopesadas a prova coligida e a recusa do réu. Assim o é porque a hipótese não é daquelas em que o interesse público sobrepõe-se ao individual, como a das vacinações em época de epidemias, ou mesmo o da busca da preservação da vida humana, naqueles conhecidos casos em que convicções religiosas arraigadas, acabam por conduzir à perda da racionalidade."

A pertinência dessa resistência por parte do investigado pode ser justificada, ainda, pelo princípio da prevalência ou da preferência da lei, hoje suplantado pelo princípio da prevalência da Constituição,[233] que concebe duas dimensões: uma positiva, que é a exigência de se observar ou de aplicar a lei, e uma dimensão negativa, que implica a proibição de desrespeitar ou de violar a lei.[234]

Esse amparo traduz a hipótese de que só a lei pode restringir direitos, liberdades e garantias. Contudo, a lei só pode estabelecer restrições se observar os requisitos constitucionalmente estabelecidos, ou seja, há que se zelar pela garantia de segurança da pessoa em face de restrições de direitos, e a de concretização destes mesmos direitos.[235]

Na hipótese das demandas de verificação de paternidade, em cena estão dois direitos colidentes: de um lado, os direitos fundamentais do investigante abrigados por dois princípios, o da dignidade da pessoa humana e da paternidade responsável; de outro, os direitos fundamentais do investigado, amparados pelos princípios da dignidade humana e da legalidade ou reserva da Constituição.

A indagação que se põe é: qual dignidade deve prevalecer para o fim de manter intangíveis os direitos fundamentais que integram seu conteúdo, quando se está a analisar a busca da ascendência genética com a realização da prova pericial em DNA? Essa questão é suscitada na medida em que ambos os interessados – investigante e investigado – invocam a preservação do princípio da dignidade da pessoa humana para tornarem intangíveis seus direitos fundamentais.

---

[233] *Cf.* Gustavo Tepedino, "no caso da pessoa humana, a tutela dos direitos da personalidade *recebe especial proteção pelo ditame constitucional de salvaguarda da dignidade da pessoa humana a todas as situações, previstas ou não, em que a personalidade, entendida como valor máximo do ordenamento, seja o ponto de referência objetivo*". (TEPEDINO, G. A tutela da... op. cit., p. 49). (grifou-se)
[234] CANOTILHO, José Joaquim Gomes. *Curso de direito constitucional*. 6.ed. Coimbra: Almedina, 1995. p. 787-789.
[235] *Ibidem*, p. 793.

A resposta a essa complexa questão conduz, inicialmente, ao reconhecimento de que não se está frente a um princípio absoluto[236] – que conduziria à aplicação da lógica do "tudo ou nada" – mas sim, de uma hipótese de relativização do princípio constitucional da dignidade da pessoa humana, da qual decorre o processo de ponderação que se opera no nível do conteúdo do próprio princípio, ou quando cotejado com outros princípios consagrados no Texto Constitucional.[237]

Essa relativização parte de uma premissa: a de que para se relativizar um princípio nas demandas investigativas da paternidade que visem à realização da prova em DNA, é necessário manter incólume o princípio da igualdade da pessoa entre investigante e investigado, porquanto ambos ostentam direitos fundamentais e o mesmo princípio da dignidade da pessoa humana.[238]

Para que se alcance esta incolumidade, preconiza-se o recurso aos princípios constitucionais da razoabilidade e da proporcionalidade, destinados a resolver o grande dilema da interpretação constitucional – o conflito entre princípios constitucionais, aos quais se deve igual obediência por ocuparem a mesma posição na hierarquia normativa.

Embora não estejam previstos de forma individualizada no ordenamento jurídico nacional, é possível afirmar que a aplicação dos princípios da razoabilidade e proporcionalidade é uma exigência inafastável da própria opção política maior do legislador constituinte –

---

[236] Até porque não há princípios absolutos, na lição de Ingo Wolfgang Sarlet, "já que tal condição contradiz a própria essência da noção e a estrutura normativa dos princípios, constituindo, em verdade, uma autêntica *contradictio in terminis*. Assim, princípios absolutos ou não são princípios ou são outra coisa do que habitualmente como tal se tem considerado" (SARLET, Ingo Wolgang. *Dignidade da...*, op. cit., p. 76, nota de rodapé).
[237] ALEXY, Robert. *Teoria de los derechos fundamentales*. Madrid: Centro de Estudios Constitucionales, 1997. p. 108-109.
[238] WELTER, Belmiro Pedro. Relativização do princípio da dignidade da pessoa humana na condução coercitiva do investigado na produção do exame genético em DNA. *Revista brasileira de direito de família*, Porto Alegre: Síntese, n. 12, p. 20, jan./mar. 2002.

a de instituir o Estado Democrático de Direito – pois, como assenta Willis Santiago Gerra Filho,

"sem a sua utilização não se concebe como bem realizar o mandamento básico da República, a qual postula o respeito simultâneo dos interesses individuais, coletivos e públicos, a fim de que haja o maior atendimento possível de certos princípios – onde esses interesses se traduzem em valores – com a mínima desatenção aos demais".[239]

O princípio da proporcionalidade determina a busca de uma "solução de compromisso", na qual se respeita mais, em determinada situação, um dos princípios em conflito, procurando desrespeitar o mínimo o(s) outro(s), e jamais lhe(s) faltando totalmente com o respeito, isto é, ferindo-lhes o seu "núcleo essencial", onde se acha insculpida a dignidade da pessoa humana.

Isso é possível mediante um proceder de *ponderação* que, segundo Robert Alexy, desenvolve-se mediante três procedimentos: (i) inferir a intensidade da intervenção; (ii) visualizar a eminência dos motivos que justificam essa intervenção; (iii) a conexão da ponderação.[240]

Nesse processo de ponderação dos interesses envolvidos, prevalece o mais lesivo à dignidade da pessoa, que se torna prioritário, ou seja, determinados valores, quando colidentes com outros, são priorizados.[241]

---

[239] GERRA FILHO, Willis Santiago. Princípio da proporcionalidade e teoria do direito. In: GRAU, Eros Roberto; GUERRA FILHO, Willis Santiago (Orgs.). *Direito Constitucional*: estudos em homenagem a Paulo Bonavides. São Paulo: Malheiros, 2001. p. 270.

[240] *Cf.* ALEXY, Robert. Direitos fundamentais no Estado Constitucional democrático: para a relação entre direitos do homem, direitos fundamentais, democracia e jurisdição constitucional. Tradução de Luís Afonso Heck. *Revista de Direito Administrativo*, Rio de Janeiro: Renovar, v. 1, p. 74, jul./set. 1999.

[241] *Cf.* Edilsom Pereira Farias, "não se resolve a colisão entre dois princípios suprimindo um em favor do outro. A colisão será solucionada levando-se em conta o peso ou importância relativa a cada princípio, a fim de se escolher qual deles no caso concreto prevalecerá ou sofrerá menos constrição do que o outro". (FARIAS, Edílsom Pereira. *Colisão de direitos*: a honra, a intimidade, a vida privada e a imagem *versus* a liberdade de expressão e informação. Porto Alegre: Sérgio Fabris, 1996. p. 96).

Na avaliação de Luis Roberto Barroso, o princípio da razoabilidade caracteriza-se como um parâmetro para se valorar os atos emanados do Poder Público, com o escopo de verificar se eles estão informados pelo valor superior inerente a todo ordenamento jurídico: a justiça.

"É *razoável* o que seja conforme à razão, supondo equilíbrio, moderação e harmonia, o que não seja arbitrário ou caprichoso, o que corresponda ao senso comum, aos valores vigentes em um dado momento ou lugar".[242]

Nesse passo, refere Barroso que "há quem recorra ao direito natural como fundamento para a aplicação do princípio da razoabilidade, embora ele possa ser invocado com base nos princípios gerais da hermenêutica".[243]

A aplicação dos princípios da proporcionalidade e razoabilidade na colisão de direitos fundamentais é eficaz e necessária para salvaguardar o equilíbrio entre valores fundamentais conflitantes.

Deparando-se o intérprete, no caso concreto, com a possibilidade de a proteção de um direito excluir a forma e o exercício de um direito invocado por outro, deverá, por meio do processo de ponderação, definir pela prevalência de um ou outro direito fundamental, analisando se as vantagens superam as desvantagens de fazer prevalecer um ou outro direito, numa efetiva análise da relação custo-benefício da medida, isto é, da ponderação entre os danos causados e os resultados a serem obtidos.

Essa ponderação, ao ser aplicada na colisão de direitos fundamentais albergados pelo princípio da dignidade da pessoa humana, é que conduz à relativização desse princípio.

Assim, no conflito de interesses entre o direito do suposto pai, que não quer se submeter ao exame, prote-

---

[242] BARROSO, Luís Roberto. Razoabilidade e isonomia no direito brasileiro. In: ——. *Temas de Direito Constitucional*. Rio de Janeiro: Renovar, 2001. p. 155.
[243] *Ibidem*, p. 155.

gendo sua integridade física ao impedir que se extraia uma gota de sangue, a raiz de um fio de cabelo, saliva ou qualquer outro material possível de se extraírem células de DNA, exercitando seu direito de liberdade, e do filho, que busca a revelação da ascendência genética para a aquisição de um direito imanente à sua condição de pessoa – o *status* de filho –, entende esse estudo *deva prevalecer o direito do filho*, assim atribuindo à descoberta da origem biológica uma relevância maior do que ao atentado à integridade física evitado pelo suposto pai, estabelecendo-se uma hierarquia entre os valores em jogo, de forma a proteger aquela das partes que, por certo, não pode ser responsabilizada pelo fato de seu nascimento.[244]

Pretende essa tese pontuar que o direito à identidade pessoal e o estado de filiação têm conotação pública, de onde justificar-se que, na hierarquia de valores, prevalece o interesse do filho em relação ao interesse do suposto pai,[245] cujo pleito de proteção à sua integridade

---

[244] RAMOS, Carmem Lucia Silveira. *A paternidade fora do casamento*: análise e crítica do estatuto vigente no Brasil. Curitiba, 1987. p. 78. Dissertação (Mestrado) – Curso de Pós-Graduação em Direito do Setor de Ciências Jurídicas da Universidade Federal do Paraná.

[245] A mesma ilação pode ser inferida nos votos dos Ministros Francisco Rezek e Ilmar Galvão, ao julgarem o Habeas Corpus nº 71.373-4/RS, no Plenário do Supremo Tribunal Federal, em 10/11/1994, DJU 22/11/1996. O Ministro Relator Francisco Rezek assim se pronunciou: "vale destacar que o direito ao próprio corpo não é absoluto ou ilimitado. Por vezes a incolumidade corporal deve ceder espaço a um interesse preponderante, como no caso da vacinação, em nome da saúde pública. Na disciplina civil da família o corpo é, por vezes, objeto de direitos. Estou em que o princípio da intangibilidade do corpo humano, que protege um interesse privado, deve dar lugar ao direito à identidade, que salvaguarda, em última análise, um interesse também público. Não foi razão que o legislador atribuiu ao *parquet*, à vista da importância da determinação do vínculo de filiação, a iniciativa para que, em determinadas circunstâncias, intente a investigatória de paternidade (parágrafos 4º e 5º do artigo 2º da Lei 8.560/92)" (grifo do original). O Ministro Ilmar Galvão hierarquizou os interesses envolvidos na investigação de paternidade afirmando que "não se busca com a investigatória, a satisfação de interesse meramente patrimonial, mas, sobretudo, a consecução de interesse moral, que só encontrará resposta na revelação da verdade real acerca da origem biológica do pretenso filho, posta em dúvida pelo próprio réu ou por outrem. Trata-se de interesse que ultrapassa os limites estritos da patrimonialidade, possuindo nítida conotação de ordem pública, aspecto suficiente para suplantar, em favor do pretenso filho, o egoístico direito à recusa, fun-

física pode parecer mero interesse particular se contraposto ao direito à identidade pessoal, o qual, referindo-se diretamente ao estado pessoal e familiar do ser humano, configura, acima de qualquer dúvida, interesse de toda a coletividade.[246]

Esse interesse público, além de estar demonstrado, no Brasil, pela edição de leis ordinárias já referidas (Leis nºs 8.069/90 e 8.560/92), após a consagração constitucional do princípio isonômico da filiação – artigo 227, § 6º, da Constituição Federal de 1988 – é asseverado pelo advento da prova pericial do exame em DNA, que fez surgir, pela primeira vez no Direito, a possibilidade de se substituir a verdade ficta ou presumida, decorrente de provas indiciárias ou subjetivas, a exemplo da prova testemunhal, pela verdade científica ou biológica com resultado seguro às partes, seja apontando pela exclusão ou pela inclusão da paternidade, evolução esta que não pode ser desconsiderada nos dias atuais, na avaliação das provas em demandas investigatórias de paternidade.[247]

A avançada técnica pericial da tipagem do DNA, aliada à proteção dos legisladores constitucional e infraconstitucional à família, à criança e ao adolescente, fortalece a busca da identidade genética das pessoas cuja ascendência paterna é desconhecida.[248]

---

dado na incolumidade física, no caso, afetada em proporção ridícula. No confronto dos dois valores não tenho dúvida em posicionar-me em favor do filho".

[246] MORAES, Maria Celina Bodin. O direito personalíssimo..., op. cit., p. 228.

[247] Cf. Yussef Said Cahali, "nos dias de hoje manifesta-se uma preocupação ostensiva e decisiva com a verdade da paternidade, procurando afirmar a filiação para seu reconhecimento conforme a verdade real, biológica, com vistas à mais eficiente proteção da pessoa do filho". (CAHALI, Yussef Said. Reconhecimento do filho extramatrimonial. In: LIVRO de Estudos Jurídicos. Rio de Janeiro: IEJ, 1996. v. 7, p. 210-11).

[248] A propósito, Gustavo Tepedino registra que "é a pessoa humana, o desenvolvimento de sua personalidade, o elemento finalístico da proteção estatal, para cuja realização devem convergir todas as normas do direito positivo, em particular aquelas que disciplinam o direito de família, regulando as relações mais íntimas e intensas do indivíduo no social". (TEPEDINO, Gustavo. Novas formas de entidades familiares: efeitos do casamento e da família não fundada no matrimônio. In: ——. Temas de Direito Civil. Rio de Janeiro: Renovar, 1999. p. 326).

Não há dúvida de que se trata de um direito que merece proteção peculiar. O direito ao conhecimento da ancestralidade, com a valorização da busca da verdade científica fortalecida pelo exame pericial em DNA, focaliza a proteção constitucional da dignidade da pessoa humana.

A prevalência desse direito é defendida, no contexto europeu, por Pietro Perlingieri, que busca ressaltar, além do direito fundamental ao conhecimento da origem genética, quais os interesses juridicamente relevantes a prevalecerem na revelação da ascendência. Nas suas palavras,

"(...) o menor tem o direito de conhecer as próprias origens não somente genéticas, mas culturais e sociais. O patrimônio genético não é totalmente insensível no seu futuro às condições de vida nas quais a pessoa opera. Conhecê-lo significa não apenas evitar o incesto, possibilitar a aplicação da proibição de núpcias entre parentes, mas responsavelmente, estabelecer uma relação entre o titular do patrimônio genético e quem nasce".[249]

No Brasil, Paulo Luiz Netto Lôbo argumenta também neste sentido. Diz: "o interesse sobre a origem genética não diz respeito somente ao indivíduo, mas ao grupo familiar dele e do indigitado pai. O estágio atual da ciência médica indica a imprescindibilidade da origem biológica para prevenção de doenças, tornando a matéria de saúde pública, *a fortiori* de interesse social".[250]

Na mesma linha, Cláudia Lima Marques aduz que:

"(...) a bagagem genética é hoje parte da identidade de uma pessoa.(...) Aqui é o sujeito de direito novo, o que abala ou abalou o rígido conceito de família (legitimada pelo casamento), criando a necessidade

---
[249] PERLINGIERI, Pietro. *Perfis do...*, op. cit., p. 177.
[250] LÔBO, Paulo Luiz Netto. O exame de DNA..., op. cit., p. 70.

atual de ver família em relações consideradas antes ilegítimas para criar laços juridicamente relevantes e responsabilidade parental. (...) É a criança com seu direito de ver sempre estabelecida sua filiação de origem, que pode ser visto como reflexo direto do discurso de eficácia dos direitos fundamentais".[251]

A prevalência do direito do filho deve fazer com que os direitos fundamentais do investigado à integridade física, à intimidade, à vida privada cedam em favor daquele – sujeição que encontra respaldo no processo de ponderação e nos princípios da proporcionalidade e razoabilidade.

Dessa sujeição abre-se uma das propostas dessa tese, que visa, ao final, a uma releitura do sistema jurídico brasileiro: a implementação no Direito pátrio da obrigatoriedade de submissão à prova genética em DNA, já que se está a tutelar um direito fundamental e de relevância pública, de forma a contribuir com o desvelar da verdade biológica, abandonando o jogo das presunções e da verdade ficta que sempre assombrou as lides investigatórias de paternidade.[252]

---

[251] MARQUES, Cláudia Lima. Visões sobre..., op. cit., p. 44-45.

[252] Sobre este aspecto, pontuou Caio Mario da Silva Pereira antes do advento do DNA: "Confrontando a filiação legítima e a natural, vê-se que ambas assentam em que a paternidade se não prova diretamente, porém na decorrência de presunções. Mas estas diferem. Enquanto o *status legitimitais* contenta-se simplesmente com a prova do casamento, a condição de filho ilegítimo requer seja comprovado um fato certo, de que se possa induzir a relação jurídica. (...) Conforme temos muito insistentemente reiterado, nem a ciência biológica, nem a ciência jurídica dispõem de meios de prova direta da paternidade. Daí valer-se o Direito, para a determinação da relação jurídica de filiação, seja legítima ou ilegítima, de um jogo de presunções baseadas em fatos certos. (...) O exame de sangue vale como fator excludente. Quer dizer: não poderá ser admitida a relação jurídica da paternidade em face de concluir a prova científica pela impossibilidade da filiação biológica. Considera-se, contudo, que o progresso constante da ciência pode conduzir à fixação do tipo sangüíneo em termos tão precisos que venham a constituir elemento de convicção definitivo de hereditariedade biológica" (PEREIRA, Caio Mario da Silva. *Instituições de direito civil*: direito de família. 3. ed. Rio de Janeiro: Forense, 1972, p. 248-249).

Essa obrigatoriedade encontra fundamentos que afastam a hipótese de torná-la uma regra jurídica que possa se caracterizar como uma afronta à dignidade da pessoa do investigado,[253] a qual permanece preservada, mas é relativizada pelo processo de ponderação e por razões que justificam a própria obrigatoriedade. O primeiro desses fundamentos refere-se ao reconhecimento da hegemonia da prova pericial em DNA, notadamente quando utilizada como fonte da verdade biológica na identificação da progenitura. Na sociedade contemporânea, o DNA passou a ser história e destino na vida de quem vem ao mundo sem conhecer sua ascendência genética, e desvelá-la torna-se um direito fundamental na construção da identidade pessoal.

---

[253] Há vozes que expressam o contrário. É o que pensam Antonio Junqueira de Azevedo e Francisco Amaral. Para Junqueira, "depois da intangibilidade da vida humana, a primeira conseqüência direta que se pode tirar do princípio da dignidade é o respeito à integridade física e psíquica da pessoa humana. Pode o poder público 'invadir' a condição natural do ser humano e obter à força amostras de sangue para fins de prova? Pode realizar à força transfusões de sangue? Uma 'sacralidade do corpo', à semelhança da intangibilidade da vida humana, existe? Sim, existe essa 'sacralidade' do corpo, ms não tão forte quanto a da vida, até porque estamos agora em pleno terreno dos princípios jurídicos cujos preceitos nunca são imperativos categóricos. O exame de DNA, no campo civil, não pode, por exemplo, ser imposto *manu militari*; caberiam aqui outros meios de prova, como presunção e indícios, a serem utilizados livremente pelo julgador. Não parece ser suficiente o interesse privado no conhecimento da paternidade para quebrar o preceito da não invasão física; a permissão poderia se tornar precedente excessivamente grave, valendo como abertura de caminho para abusos posteriores". (AZEVEDO, Antonio Junqueira. Caracterização jurídica..., op. cit., p. 16-17). Amaral reconhece que a prova genética é importante meio de prova na determinação da identidade pessoal e do vínculo de filiação. Contudo, "sua obrigatoriedade, que não se prescreve em nenhum texto legal, encontra limites no respeito devido aos direitos humanos, ou da personalidade. Vige, nessa matéria, o princípio fundamental da dignidade humana, previsto na Constituição Federal, art. 1º, III, do que decorre considerar-se a pessoa humana 'o bem supremo de nossa ordem jurídica, o seu fundamento e o seu fim', e o seu direito à integridade física, à inviolabilidade, à intimidade. (...) Não se pode, em caso algum, admitir o constrangimento físico do demandado para obtenção da prova genética do DNA. Deve prevalecer o princípio da dignidade humana que o protege, como previsto na Constituição Federal" (AMARAL, Francisco. A prova genética e os direitos humanos. In: LEITE, Eduardo de Oliveira (Coord.). *Grandes temas da atualidade*: DNA como meio de prova da filiação. Aspectos civis, constitucionais e penais. Rio de Janeiro: Forense, 2000. p. 112-113).

A partir daí, é possível asseverar que toda demanda investigatória de paternidade deve ser norteada pela prova em DNA, porquanto permite ao julgador um juízo de fortíssima probabilidade (inclusão de paternidade de até 99,9999%), senão de certeza (exclusão de paternidade de 100%) acerca do elo biológico, tomando, por via de conseqüência, especial assento dentre as provas destinadas à revelação do vínculo entre filhos e pais,[254] já que também as partes têm, no mínimo, uma relativa segurança do seu resultado.[255]

Nesse rumo, para que se possa aferir a verdade biológica com a realização da análise em DNA, é necessário que investigante e investigado colaborem para a consecução da perícia, sob pena de o comportamento negativo – embora fundado em direitos fundamentais e no princípio da dignidade da pessoa humana – revelar-se obstruidor da verdade, atitude esta rejeitada pelo sistema jurídico brasileiro.[256]

Produzir prova dos fatos alegados no processo é ônus de quem os alega, é encargo, não é dever.[257] Não há

---

[254] Neste sentido, o pronunciamento de Francisco Rezek, do Supremo Tribunal Federal: "A certeza científica proporcionada pela nova técnica oferece ao julgador um elemento sólido para a construção da verdade. Provas periciais vinham servindo até pouco tempo atrás, para produzir apenas a certeza negativa da paternidade. De outro modo, conduziam ao *non liquet* no campo da ciência, e à busca de formas menos seguras de convicção. Com o novo exame surge, pela primeira vez, a possibilidade de se substituir a verdade ficta pela verdade real. Há hoje uma técnica que proporciona certeza tanto para a exclusão como para a confirmação do vínculo genético" (BRASIL. Supremo Tribunal Federal, Habeas Corpus n. 71.373-4/RS, relator Ministro Francisco Rezek, DJU 22/11/1996).
[255] Interessa destacar que dentre as provas produzidas nas ações de investigação de paternidade, encontra-se a perícia genética, encartada no Código de Processo Civil em seus artigos 145 e 420, sendo incumbência da parte interessada a sua produção para comprovar aquilo que alega. Rezam seus textos: "Art. 145. Quando a prova do fato depender de conhecimento técnico ou científico, o juiz será assistido por perito, segundo o disposto no art. 421". "Art. 420. A prova pericial consiste em exame, vistoria ou avaliação".
[256] Artigo 339 do Código de Processo Civil: "Ninguém se exime do dever de colaborar com o Poder Judiciário para o descobrimento da verdade".
[257] *Cf.* ALMEIDA, Maria de Lourdes Rachid Vaz de. O DNA e a prova na ação de investigação de paternidade. In: WAMBIER, Teresa Arruda Alvim; LAZZARINI, Alexandre Alves (Coords.). *Repertório de jurisprudência e doutrina sobre direito de família*. São Paulo: Revista dos Tribunais, 1996. v. 3, p. 128 *et seq.*

obrigação legal, no direito brasileiro, de produzir prova dos fatos; há sim, um encargo processual decorrente de lei (artigo 333 do Código de Processo Civil),[258] de tal sorte que a parte que não a produzir arcará com as conseqüências da omissão, de não se ter desincumbido de seu encargo processual, a exemplo do que dispõem o artigo 343, *caput*, e seus §§ 1º e 2º, do diploma processual civil.[259]

Assim é com a prova genética do vínculo de paternidade. Quando se trata da coleta de provas nestas demandas, em especial as científicas, todas as partes devem submeter-se, inclusive o suposto pai, de forma a desincumbir-se de seu encargo processual que, na qualidade de réu no processo investigatório, assume – o de provar fato modificativo, extintivo ou impeditivo do direito do autor.

Se o investigado tiver certeza de que não é pai do investigante, deve defender-se, submetendo-se à perícia genética com a oferta de seu sangue, se este for o material escolhido, porque de tal comparação resulta a verdade biológica.

Se estiver na dúvida acerca da paternidade que lhe é imputada, reconhecendo que tenha mantido relações sexuais com a genitora de seu pretenso filho, mas não tendo certeza acerca da exclusividade, deverá, da mesma forma, oferecer seu sangue para exame, elidindo a dúvida e assumindo, caso seja positivo o resultado, a condição de genitor.

Recolhe-se dos sistemas jurídicos europeus alguns modelos paradigmáticos, destinados a fortalecer as reflexões e a proposta em questão.

---

[258] "Artigo 333. O ônus da prova incumbe: I – ao autor, quanto ao fato constitutivo do seu direito; II – ao réu, quanto à existência de fato impeditivo, modificativo ou extintivo do direito do autor".

[259] "Art. 343. Quando o juiz não o determinar de ofício, compete a cada parte requerer o depoimento pessoal da outra, a fim de interrogá-la na audiência de instrução e julgamento. § 1º. A parte será intimada pessoalmente, constando do mandado que se presumirão confessados os fatos contra ela alegados, caso não compareça ou, comparecendo, se recuse a depor. § 2º. Se a parte intimada não comparecer, ou comparecendo, se recusar a depor, o juiz lhe aplicará a pena de confissão".

Na Alemanha, assim como no Brasil, no bojo das demandas investigatórias de paternidade, são considerados todos os meios de prova para se aferir a verdade da filiação. Ao lado dos meios de prova comuns – documentos, testemunhas – o juízo depende, de maneira especial, dos laudos médicos e de genética humana, para constatação da paternidade.

Contudo, há diferenças de destaque entre os sistemas jurídicos de ambos os países.

O Direito germânico, visando à produção de tais laudos e pelo significado da prova pericial em DNA – realiza ou concretiza um direito fundamental da pessoa humana – com respaldo no § 372ª ZPO, ordena a obrigação de tolerar exames, sobretudo a coleta de sangue, se a análise, segundo os princípios conhecidos da ciência, prometer um esclarecimento do caso e isto for exigível dos candidatos a exame.[260]

Na hipótese de recusa injustificada, podem ser impostas multas administrativas; em caso de recusas repetidas aplica-se a realização forçada do exame (§§ 372ª al. 3, 390 ZPO).[261] Se não puder ser forçada a participação no

---

[260] "Cela conduit à accorder une importance déterminante aux preuves scientifiques de la paternité; le juge doit d'office examiner tous les moyens de preuve avant de pouvoir décider si des doutes sérieux subsistent à l'encontre de la paternité. Le droit allemand ne connait aucune limitation spéciale des moyens de preuve autorisés dans une procédure relative à l'état des personnes" (WAHLENDORF, H. A. Schwarz-Liebermann von. *Mariage et famille en question*: l'évolution du droit allemand. Paris: CNRS, 1980. p. 245-246) Tradução: ("Isto conduz a dar uma importância determinante às provas científicas da paternidade; o juiz deve de ofício examinar todos os meios de prova antes de poder decidir, se sérias dúvidas subsistem ao encontro da paternidade. O direito alemão não conhece nenhuma limitação especial dos meios de prova autorizados num procedimento relativo ao estado das pessoas".)

[261] O recurso à compulsoriedade, em matéria de exame biológico a ser realizado nas ações referentes ao direito de filiação, é solidamente ancorado no direito processual alemão. Não há dúvida de sua necessidade e de sua justificativa de realização nestas ações. Rainer Frank, ao comentar a obrigatoriedade germânica em questão, elucida: "Le § 372a du Code de procédure civile allemand fait obligation à toute personne, c'est-à-dire non seulement les parties au procès, d'accepter de se soumettre à tout examen biologique, en particulier le prélèvement de sang, en vue de la détermination du group sanguin. Ainsi, les analyses comparées de groupe sanguin, tout comme les analyses sur l'ADN, ou les expertises hérédo-biologiques, peuvent être ordonnées, soit d'office, soit à la requête des parties. Si un tel examen, ordonné par

exame – por motivo de perigo de saúde para o examinando ou por este se encontrar no exterior – aquele que se recusar ao exame pode ser tratado como se os exames não trouxessem nenhuma dúvida quanto à sua paternidade.[262]

Importante destacar que, na Alemanha, a submissão coativa ao teste em DNA fica bastante facilitada pela visualização do direito fundamental da pessoa de saber sua ascendência genética, superando assim suas origens na legislação autoritária de 1938, que consagrou a regra de tal submissão,[263] desde que essa medida fosse necessária ao exame de filiação de uma criança.

---

décision de justice, se heurte à un refus, le § 372a alínea 2, combiné au § 390 du Code de procédure civile, prévoit une sanction, sous peine d'amende et d'emprisonnement ; le cas échéant, l'examen pourra être ordonné sous la contrainte. Une disposition comparable, dans son contenu, à notre § 372a du Code de procédure civile, avait été introduite dès 1938, c'est-à-dire sous le régime national-socialiste, dans la procédure allemande, immédiatement après que l'analyse du groupe sanguin, en vue de l'etabliessement de la paternité, ait été reconnue comme moyen de preuve. Depuis lors, le recours à la contrainte en matière d'examen biologique, dans le cadre des actions relevant du droit de la filiation, est solidement ancré en droit allemand de la procédure. Personne ne doute, aujourd'hui, de sa nécessité et de son bienfondé ». (FRANK, Rainer. L'examen biologique sous contrainte dans le cadre de l'établissement de la filiation en droit allemand. *Revue Internationale de droit comparé*, n. 4, p. 906, out./dez 1995). Tradução: ("O § 372 do Código de Processo Civil alemão obriga qualquer pessoa, quer dizer não somente as partes do processo, a aceitar submeter-se a qualquer exame biológico, em particular o exame de sangue, em vista da determinação do grupo sangüíneo. Desta maneira, as análises comparadas de grupo sangüíneo, assim como as análises de DNA, ou as análises hereditárias-biológicas, podem ser ordenadas, seja de ofício, seja a requerimento das partes. Se um tal exame, ordenado por decisão da justiça, se confronta com uma recusa, o § 372a, alínea 2, combinado com o § 390 do Código de Processo Civil alemão, prevê uma sanção, sob pena de multa e de prisão; neste caso, o exame poderá ser ordenado coercitivamente. Uma disposição comparável, no seu conteúdo, em nosso § 372a do Código de Processo Civil, havia sido introduzida desde 1938, isto é, sob o regime nacional-socialista, no processo alemão, imediatamente depois que a análise do grupo sangüíneo, com o objetivo de estabelecer a paternidade, foi reconhecida como meio de prova. Desde então, o recurso à compulsoriedade em matéria de exame biológico, no quadro das ações que tratam do direito de filiação, está solidamente ancorado no direito processual civil alemão. Ninguém dúvida, hoje, de sua necessidade e de sua legitimidade".)

[262] SCHLÜTER, Wilfried. *Código civil...*, op. cit., p. 355.

[263] Mas nem sempre foi assim. Destaca Rainer Frank que "Le Code de procédure civile allemand de 1877 ne connaissait aucune mesure de contrainte pou la mise en oeuvre d'un examen biologique. Il était fait application des

Tal inserção surgiu no auge do nacional-socialismo quando, por força da política racial do regime totalitário, as pesquisas sobre as origens raciais e genéticas conheceram importância crescente.

No pós-guerra, a regra da compulsoriedade não foi estigmatizada como vinculada ao pensamento nazista. Ao contrário, subsistiu à democratização, à reforma processual de 1950 e à reforma de 1997, permanecendo até os tempos atuais justificada como decorrência do princípio inquisitório que domina, no Direito alemão, os procedimentos relativos à filiação.

Com o reconhecimento pelo *BVerfG* do direito ao conhecimento da origem genética como integrante dos direitos de personalidade, o direito à integridade corporal alegado pelo investigado cede aquele direito fundamental, porquanto, aplicando o processo de ponderação, a Corte Constitucional alemã assentou que não se consubstancia em uma agressão à pessoa do suposto pai a coleta de uma pequena amostra de sangue.[264]

---

règles générales applicables à la vue de lieux en matière de biens. Cela signifiait: que seulement, dans le cas où le droit matériel reconnaissait à une partie un droit envers son adversaire, ou envers un tiers, à la remise d'une chose ou à l'examen de celle-ci, une mesure de vérification personelle par le juge pouvait être ordonnée. En d'autres termes, les examens biologiques étaient pratiquement exclus, du fait que le droit matériel ne donnait naissance à aucun droit équivalent. Il est vrai, également, que les examens biologiques ne jouaient, en pratique, qusiment aucun rôle avant que, vers le milieu des années 20, les examens sanguins n'aient pris l'importance dans la pratique judiciaire . (FRANK, Rainer. L'examen biologique..., *op. cit.*, p. 909). Tradução: (O Código de Processo Civil alemão de 1877 não conhecia nenhuma medida de coerção para a aplicação do exame biológico. Eram utilizadas regras gerais aplicáveis em matéria de bens. Isto significava: que somente, no caso em que o direito material reconhecia a uma parte um direito em relação a seu adversário, ou em relação a um terceiro, à devolução de uma coisa ou ao seu exame, uma medida de verificação pessoal poderia ser ordenada pelo juiz. Em outros termos, os exames biológicos estavam praticamente excluídos, porque o direito material não originava nenhum direito equivalente. É verdade, também, que os exames biológicos na prática não representavam muito antes que, na década de 20, os exames sangüíneos tenham se tornado importante na prática judiciária).
[264] *Ibidem*, p. 905-908. Informa o autor alemão que, neste rumo, o *BVerfG* possibilitou a criação de uma ação autônoma denominada Ação Declaratória de Filiação Genética, dada a relevância do direito ao conhecimento da origem biológica.

Similar ao que ocorre na Alemanha é o que se prevê no ordenamento jurídico da Suíça, com sensível diferença. Neste país, tanto as partes quanto terceiros são compelidos a prestar auxílio às perícias necessárias para esclarecer a filiação, desde que de tal *mandamus* não decorram prejuízos ou perigos para a saúde dos mesmos (artigo 254-2º ZGB).

Caso o investigado ou terceiro se recuse a submeter-se, o juiz poderá ameaçá-lo com uma multa – que é estabelecida conforme o direito do cantão – ou com uma pena por insubmissão, na forma do disposto pelo artigo 292 do Código Penal. Contudo, o constrangimento forçado (condução do investigado ou de terceiro à força) não é admitido, mas aquele que se recusa sem motivo legítimo a submeter-se aos exames periciais responde pelo dano que causa à parte que vê sua prova frustrada pelo comportamento de quem se negou a contribuir na realização da mesma.[265]

No contexto europeu, diferem do Direito germânico e suíço os sistemas jurídicos da Itália,[266]

---

[265] LEITE, Eduardo de Oliveira. O exame de DNA: reflexões sobre a prova científica da filiação. In: WAMBIER, Teresa Arruda Alvim; LEITE, Eduardo de Oliveira (Coords.). *Repertório de doutrina sobre direito de família*. Aspectos constitucionais, civis e processuais. São Paulo: Revista dos Tribunais, 1999. p. 200.

[266] "Va osservato qui che la possibilità di accertamento mediante prove biologiche è alquanto limitata dall'attuale legge processuale, la quale non ne consente l' esecuzione coattiva sulla persona che non vi si voglia assoggettare (art. 118 cod. proc. civ). (TRIMARCHI, Pietro. *Istituzioni di diritto privato*. 6. ed. Milano: Giuffrè, 1983. p. 862). Tradução: ("Observe-se que a possibilidade de julgamento mediante provas biológicas é um tanto limitada pela atual lei processual, a qual não permite a execução coercitiva sobre a pessoa que não queira a elas sujeitar-se (art. 118 cod. proc. civ.)". Deveras, o artigo 118 do Código de Processo Civil italiano está assim redigido: "Ordem de inspeção de pessoas e de coisas. O juiz pode ordenar às partes e aos terceiros que consintam, sobre a própria pessoa e sobre coisas que estejam na posse delas, as inspeções que apareçam indispensáveis para conhecer os fatos da causa (arts. 258 e ss; art. 93 do Decreto nº 1.368/41, desde que isto possa cumprir-se sem grade dano para a parte ou para o terceiro, e sem constranger-lhes a violar um dos segredos previstos nos artigos 351 e 352 do Código de processo penal. Se a parte rejeita em cumprir tal ordem sem justo motivo, dessa rejeição pode o juiz dessumir argumentos de prova nos termos do artigo 116, parágrafo segundo. Se quem rejeita é o terceiro, o juiz condena-o a uma pena pecuniária não superior a oito mil liras (art. 179). O art. 116 do Código de Processo Civil italiano, por sua vez, estabelece quanto à valoração da prova

França[267] Espanha[268] e Inglaterra,[269] assemelhando-se ao contexto brasileiro. De início, cabe destacar que o ordenamento jurídico desses países não admite a regra da compulsoriedade ao exame genético para fins de estabelecimento da filiação, válida para o Direito germânico. Tal inadmissão se, por um lado, traduz-se em um respeito aos direitos fundamentais do investigado e à sua dignidade, por outro, desencadeia uma dificuldade no próprio sistema, consubstanciada na seguinte questão: se não é possível chegar-se à verdade genética da filiação ante a recusa do suposto pai, já que não é obrigado a submeter-se à prova pericial em DNA, como suplantar esta dificuldade e chegar-se a um veredito acerca do estado de filiação que se está a desvelar?

que "o juiz deve valorar a prova segundo a sua prudente apreciação, salvo quando a lei disponha diversamente. O juiz pode dessumir argumentos de prova das respostas que as partes lhe dêem segundo o artigo seguinte, da sua injustificada rejeição em consentir as inspeções por ele ordenadas (arts. 118, 125) e, em geral, do comportamento das próprias partes no processo (arts. 88, 200, 207, 232, 310, 428).

[267] "Ces expertises nécessitent d'autre part une atteinte à la personne (prises de sang notamment). Chacun peut en conséquence refuser de s'y soumettre – mais le juge pourra déduire toute présomptoin qu'il appréciera d'un tel refus". (BÉNABENT, Alain. *Droit civil*: la famille. Paris: Litec, 1982. p. 296). Tradução: ("As provas periciais necessitam, por outro lado, de um acesso à pessoa (exame de sangue notadamente). Cada um pode, em conseqüência, recusar a se submeter a dita prova – mas o juiz poderá deduzir qualquer presunção que ele apreciará de uma tal recusa".)

[268] *Cf.* Rainer Frank, "en droit espagnol, comme en droit français, de telles mesures d'expertise peuvent être ordonnées dans le cadre d'actions relevant du droit de la filiation ; en aucun cas, cependant, ces mesures ne peuvent être exécutées 'manu militari'. Cette conception repose sur des fondements constitutionnels tirés de la protection de l'intégrité corporelle. De même, toutes contraintes, au moyen de peine d'amende ou d'emprisonnement, sont exclues". (FRANK, Rainer. L'examen..., *op. cit.*, p. 908. Tradução: ("No direito espanhol, como no direito francês, tais medidas de perícia podem ser ordenadas no quadro de ações relativas ao direito de filiação, em nenhum caso, no entanto, estas medidas não podem ser executadas 'manu militari'. Essa concepção repousa sobre fundamentos constitucionais retirados da proteção da integridade corporal. Da mesma forma, quaisquer coerções, por meio de pena de multa ou de prisão, são excluídas".)

[269] *Cf.* Eduardo de Oliveira Leite, "os Tribunais, com base no *Family Law Reform Act*, de 1969, têm o direito de ordenar perícias científicas, mas, a execução forçada, penas de multa ou prisão não podem ser impostas em caso de recusa injustificada. (LEITE, Eduardo de Oliveira. O exame..., *op. cit.*, p. 201).

Do comportamento de insubmissão do suposto pai, os sistemas jurídicos extraem diferentes conclusões.

Na Itália, na França e na Espanha, a recusa em se submeter ao exame biológico influencia, tão-somente, na apreciação das provas pelo juiz, podendo ser considerada como um simples indício de paternidade, ou não, ficando a análise do contexto probatório a critério do magistrado.

Na Inglaterra, o sistema jurídico considera que a recusa opera como meio suficiente de convicção ao magistrado de que a mesma não ocorreria se a parte não temesse o resultado, equivalente ao insucesso na pesquisa da prova pela obstrução da atividade judiciária, conduzindo, necessariamente, à sucumbência do processo. Em outros termos, a recusa, no direito inglês, opera efeitos de uma confissão ficta.[270]

No Brasil, a matéria é controvertida. A recusa é, por vezes, vista como uma "confissão ficta", tal como acontece no direito inglês, acarretando ao suposto pai a perda do processo, com a conseqüente atribuição do vínculo paterno-filial, que não se pode dizer genético, mas sim jurídico.

Contudo, à semelhança do que ocorre na França, na Itália e na Espanha, a interpretação das normas jurídicas

---

[270] Cf. Rainer Frank. Completa o autor o exame desta questão elucidando que "cette différence d'appréciation de comportements semblables, entre lês systèmes juridiques d'influence romaniste, d'une part, et le système juridique anglais, d'autre part, trouve sa véritable explication dans le fait que la France, l'Italie et l'Espagne obéissent aux principes relevant de l'état des personnes: un jugement sur la filiation produit des effets *erga omens*, et doit, pour cette raison, tenir compte de la 'vérité biologique', alors qu'en Angleterre, les questions relevant du droit de la filiation sont toujours examinées en tant que questions préalables autonomes, incidentes, dans le cadre de procédures alimentaires ou successorales" (FRANK, Rainer. L'examen..., *op. cit.*, p. 908-909). Tradução: ("Essa diferença de apreciação de comportamentos similares, entre os sistemas jurídicos de influência romanista, por um lado, e o sistema jurídico inglês, por outro, encontra sua verdadeira explicação no fato de que a França, a Itália e a Espanha, obedecendo aos princípios relativos ao estado das pessoas: um julgamento sobre a filiação, produz efeitos *erga omnes*, e deve, por essa razão, ter em conta a verdade biológica, enquanto que na Inglaterra, as questões concernentes ao direito da filiação são sempre examinadas na condição de questões prévias autônomas, incidentes, no quadro de processos alimentares ou sucessórios".)

no Direito brasileiro pode ensejar que a recusa seja analisada no contexto probatório e, dessa análise, concluir o magistrado pela declaração, ou não, do vínculo. Nesse aspecto, a recusa é tida como prova indiciária. Relevante destacar que, muito embora tenha aflorado com intensidade a verdade genética da filiação a partir da prova pericial em DNA, tanto no meio social quanto no meio jurídico, as decisões judiciais que vêm sendo proferidas com base na recusa do investigado – seja admitindo-a como confissão ou como indício – acabam por voltar ao jogo de presunções,[271] no qual se baseou o processo investigatório de paternidade até o advento do DNA.[272]

A solução encontrada pelos sistemas jurídicos invocados como paradigma – fala-se de França, Itália, Espanha e Inglaterra – partem da premissa de que o investigado tem um *encargo processual* de realização da prova pericial, na proteção do direito do investigante e no seu próprio interesse – desvelar a verdade genética até então obscura –, de tal sorte que a recusa opera contra o mesmo na investigatória de paternidade.

---

[271] Indício e presunção não são mero jogo de palavras. Há, efetivamente, uma relação entre ambas onde do indício opera-se a presunção. Na lição de Moacyr Amaral Santos, "do indício como ponto de partida, por interferência se chega a estabelecer uma presunção. Por isso a prova por presunção constitui um silogismo, em que premissa maior é o princípio geral, a premissa menor é o fato conhecido e a conclusão é o fato que se deseja conhecer. Donde o indício ser a causa, isto é, o fato conhecido, e a presunção o efeito, isto é, o conhecimento do fato antes ignorado". (SANTOS, Moacyr Amaral Santos. *Prova judiciária no cível e comercial*. 3. ed. São Paulo: Max Limonad, 1968. v. 5, p. 399)

[272] Cite-se, como exemplo, o seguinte julgado: "Investigação de paternidade. Negativa de existência de relações sexuais e recusa do investigado ao exame de DNA. Prova testemunhal e indícios insuficientes. Improcedência do pedido. Por mais que mereçam credibilidade as alegações da parte autora na ação de investigação de paternidade, haja vista que a versão apresentada é coerente e tem grande chance de ser verdadeira, tem ela o ônus de prová-las satisfatoriamente. Restando provado que não houve qualquer relacionamento afetivo entre a genitora da criança e o suposto pai, nem mesmo os três encontros sexuais entre eles, dos quais há apenas fracos indícios, julga recusa do suposto pai, de submeter-se a exame do DNA, por si, ser interpretada como verdade absoluta de modo a influir decisivamente no processo, de modo favorável à autora, pois, se constitui num indício a mais a ser considerado no contexto" (BRASIL. Tribunal de Justiça do Distrito Federal, Embargos infringentes na apelação cível nº 4596798, relator desembargador João Timoteo de Oliveira, j. 17/12/1998, DJU 09/06/1999)

DNA e Estado de Filiação à luz da Dignidade Humana

No Brasil, já nos anos 80 do século XX, tal recusa foi considerada como o equivalente à admissão da paternidade,[273] muito embora inexista dispositivo legal que obrigue o investigado a submeter-se a tal perícia.

A decisão do Supremo Tribunal Federal já referida nesse estudo – HC 71.373-4/RS – fez eclodir a discussão doutrinária e jurisprudencial, hoje acirrada no direito brasileiro, acerca dos efeitos processuais decorrentes da negativa do suposto pai em realizar a prova científica.[274]

A decisão proferida pela Suprema Corte reveste-se de uma peculiaridade. A rigor, o julgado do Supremo Tribunal Federal não dificulta ou impede a apuração da verdade nas ações de investigação de paternidade, mas, apenas, garante ao investigado uma prerrogativa em não se submeter ao exame da prova genética, impondo-lhe, no entanto, as conseqüências processuais da recusa que podem, até mesmo, resultar na procedência da ação investigatória de paternidade.

Tal recusa, como bem assentado pelos Ministros Marco Aurélio, Sydney Sanches, Néri da Silveira e Octavio Gallotti nos respectivos votos proferidos no remédio processual em questão, deve ser resolvida no plano jurídico-instrumental, através das normas processuais postas à utilização pelos operadores do direito[275]

---

[273] Neste sentido: "Investigação de Paternidade - Exame hematológico – Recusa – Presunção contrária aos interesses do réu – Apreciação dessa recusa ao lado de outros elementos de convicção existentes nos autos. A recusa do réu em se submeter a exame hematológico, ao lado de outros elementos seguros de convicção existentes nos autos, equivale a verdadeiro reconhecimento da paternidade". (*Revista dos Tribunais*, n. 559, p. 113, maio 1982).

[274] Gustavo Tepedino pontua: "questão de grande relevo consiste na possibilidade de exigir do réu, na ação de investigação de paternidade, que se submeta ao exame de DNA, mesmo contra sua vontade. A jurisprudência, tendencialmente, tem tomado posição pela impossibilidade do constrangimento físico do réu, servindo a recusa como prova, em favor do autor, do vínculo de paternidade, a ser examinada pelo magistrado no conjunto probatório". (TEPEDINO, Gustavo. A Disciplina Jurídica..., *op. cit.*, p. 412).

[275] Assim decidiram os Ministros vencedores: Ministro Marco Aurélio: "É certo que inexiste, no Código de Processo Civil, dispositivo que discipline, de forma expressa, o tema. Todavia, há outros dos quais, uma vez interpretados, emanam luz suficiente à definição das conseqüências da recusa. Refiro-me ao teor do parágrafo 2º do artigo 343 do Código de Processo Civil, quanto ao depoimento pessoal, à intimação para prestá-lo, mostrando-se o

Com esse assento, reacendeu-se a antiga polêmica, antecedente ao exame pericial em DNA, da discussão em torno das conseqüências operadas pela conduta do suposto pai nas investigatórias de paternidade, quando se recusa a submeter-se à realização da prova genética de revelação do vínculo biológico do elo paterno-filial.

Essa polêmica traduz-se em duas vertentes de uma mesma corrente que considera cabível a recusa do suposto pai de realizar o exame genético.[276]

---

destinatário silente e deixando de comparecer em Juízo. Qual é a conseqüência prevista, expressamente, no Código de Processo Civil? A execução específica da ordem judicial? Não. O legislador encontrou outra solução: a admissibilidade ficta, é certo – dos fatos. Distingam-se as posições – de réu e de testemunha. Dou mais um exemplo: o do artigo 359, que cuida da exibição de documento, quando a parte é intimada para tanto, mas não o faz. A repercussão jurídica não é, em si, a prisão ou a ameaça à mesma, para que apresente o documento. No caso concreto, o Juízo competente, que é o da investigação de paternidade, saberá dar à recusa do Réu, ora Paciente, o efeito jurídico-processual mais consentâneo, isto no âmbito da prova e da distribuição respectiva, afastada a execução específica e direta da obrigação de fazer. A recusa do Paciente há de ser resolvida não no campo da violência física, da ofensa à dignidade humana, mas no plano instrumental, reservado ao Juízo competente – ou seja, o da investigação de paternidade – a análise cabível e a definição, sopesadas a prova coligida e a recusa do réu". Ministro Sydney Sanches: "A recusa, obviamente, poderá repercutir, negativamente, contra aquele que dela se vale, podendo-se, até, considerar provado o que se pretendia provar com o exame recusado. Aliás, em situação como a dos autos, a recusa do paciente pode facilitar, ainda mais, o êxito da ação investigatória de paternidade, de sorte que não há prejuízo para a parte contrária". Ministro Néri da Silveira: "Dessa maneira, penso que se resguardam os princípios constitucionais da privacidade e da legalidade, que favorecem ao paciente; não resulta do *decisum*, no caso concreto, no que concerne à realização da prova, prejuízo definitivo ao autor, porque há uma conseqüência dessa negativa, qual seja a confissão, o reconhecimento da paternidade. Em verdade, em princípio, nenhum juiz deixará, diante da recusa do réu de submeter-se ao exame de DNA, de dar pela procedência da ação, tendo nessa recusa o reconhecimento do réu quanto à paternidade. Por isso não quer se sujeitar ao exame que sabe ser bastante preciso". Ministro Octavio Gallotti: "Da recusa do paciente, decorre, no processo civil, uma presunção favorável às alegações da parte contrária. Essa parte, como autora da ação, supõe-se que conheça, ou pretenda conhecer a verdade, ao eleger o réu da ação de investigatória. Se, a tal convicção própria do autor, vem a juntar-se a declaração do juiz extraída, ou não, de uma presunção, a decorrer, por sua vez, do procedimento da parte contrária, - penso que não poderá o autor, legitimamente, considerar que não esteja estabelecida a verdade".

[276] A outra corrente é a que impõe legalmente a submissão à prova genética da paternidade, a exemplo do que ocorre na Alemanha, não admitindo a recusa em submeter-se ao exame de tal prova.

DNA e Estado de Filiação à luz da Dignidade Humana

De um lado, como reconhecido pelo Supremo Tribunal Federal no HC 71.373-4/RS, considera-se *legítima* a recusa do investigado diante do princípio constitucional da legalidade e do respeito aos direitos e garantias fundamentais do cidadão, asseverados pelo princípio da dignidade da pessoa humana.

Para os defensores dessa corrente, a realização de um exame pericial obtido mediante violência física e moral é incompatível com toda a estrutura das garantias constitucionais consolidadas nos artigos 1º e 5º da Constituição Federal de 1988, aliada ao fato de que deixar de produzir uma prova ou negar-se a ela é uma prerrogativa do cidadão, haja vista o critério do ônus da prova do direito instrumental brasileiro, estampado no artigo 333 do Código de Processo Civil, que a concebe como incumbência ou encargo, e não um dever ou obrigação da parte envolvida na demanda.[277]

Sob essa perspectiva, é possível sustentar que a negativa do investigado em submeter-se a exames periciais não pode, por si só, servir para um reconhecimento de paternidade sem amparo em qualquer outra prova,[278] pois negar-se é um direito constitucional do investigado.

No outro pólo, está a vertente que interpreta a recusa do suposto pai em submeter-se ao exame pericial como *ilegítima* porque, em assim agindo, o investigado está infringindo o artigo 339 do Código de Processo Civil, que trata do dever de colaboração com o Poder Judiciário para a descoberta da verdade. Está, ademais,

---

[277] Maria de Lourdes Rachid Vaz de Almeida assevera que "para o réu, submeter-se ao exame sangüíneo é um ônus, mas não um dever. Como o exame implica em invasão de integridade física da pessoa, somente pode ser realizado se houver concordância da parte, não se admitindo imposição coativa, ainda que seja por determinação judicial". (ALMEIDA, Maria de Lourdes Rachid Vaz de. O DNA..., *op. cit.*, p. 139).

[278] Neste sentido, a seguinte decisão: "Investigação de Paternidade. Prova tênue. Sem prova irrefragável e concreta e extreme de dúvida não pode prosperar a investigação de paternidade. A ordinária recusa do réu em submeter-se ao exame DNA não implica em reconhecimento de paternidade sem pedestal em outra prova insofismável". (BRASIL. Tribunal de Justiça do Paraná, Apelação Cível nº 42.884-6, relator desembargador. Antonio Carlos Schiebel, DJ 26/02/1996).

frustrando o alcance da verdade real, possibilitada pela realização da prova pericial em DNA, por vezes a ser produzida por iniciativa do próprio juiz, a teor do que dispõe o artigo 130 do Código de Processo Civil.[279]

Sob essa ótica, por ser vedada qualquer restrição ao reconhecimento do estado de filiação, na forma do disposto pelo artigo 27 do Estatuto da Criança e do Adolescente, a recusa do investigado traduz-se numa forma de restrição a tal direito e, ainda, dado o dever da família, da sociedade e do Estado de assegurar à criança e ao adolescente os direitos expressos no artigo 227 da Constituição Federal,[280] dos quais deriva a chamada paternidade responsável, deixar de contribuir para a construção da identidade pessoal, obstruindo a revelação da origem genética, é negligenciar e violentar a pessoa moralmente, discriminando-a.[281]

Em sendo a recusa do investigado concebida como legítima ou ilegítima, cabível ou não-cabível, pertinente ou não-pertinente, o resultado é o mesmo em ambas as situações antitéticas, ou seja, a corrente que concede a negativa do suposto pai em submeter-se à prova científica da paternidade apresenta como resultado que, diante de tal recusa, o juiz poderá entendê-la como suficiente a declarar a existência do vínculo jurídico de paternidade, admitindo como verdadeiro – por presunção – fato que não restou comprovado cientificamente.

As interpretações judiciais da recusa apontam, ainda, para a possibilidade da confissão ficta da existência do vínculo genético, de forma a emprestar à recusa do

---

[279] "Caberá ao juiz, de ofício ou a requerimento da parte, determinar as provas necessárias à instrução do processo, indeferindo as diligências inúteis ou meramente protelatórias".
[280] Trata-se do direito à vida, à saúde, à alimentação, à educação, ao lazer, à profissionalização, à cultura, à dignidade, ao respeito, à liberdade e à convivência familiar e comunitária, além de colocá-los a salvo de toda forma de negligência, discriminação, exploração, violência, crueldade e opressão.
[281] A propósito, v. MADALENO, Rolf. O dano moral na investigação de paternidade. In:——. *Direito de Família*: aspectos polêmicos. Porto Alegre: Livraria do Advogado, 1998, p. 135.

investigado o que dispõe o artigo 343 e seus parágrafos, do Código de Processo Civil.[282]

Pela aplicação analógica do dispositivo processual aludido, que se refere à intimação da parte para prestar o seu depoimento pessoal em audiência, quando o investigado mostrar-se silente, deixando de comparecer ao exame pericial designado pelo juiz, ou frustrando sua realização, a conseqüência desta atitude é a admissão ficta do fato alegado pelo investigante – a existência do vínculo de filiação, tornando pai quem, geneticamente, talvez não o seja.

A interpretação da recusa alcança, ainda, o princípio do comportamento processual da parte como meio de prova indiciária,[283] manifestado através dos atos ou das omissões de responsabilidade das partes no curso do processo.

Sob tais prismas, a recusa do investigado repercute-lhe negativamente no processo investigatório da paternidade, uma vez que poderá se considerar provado o que se pretendia provar com o exame, na forma do previsto pelo artigo 359 do Código de Processo Civil,[284] facilitando, assim, o êxito da ação para o investigante

---

[282] "Quando o juiz não o determinar de ofício, compete a cada parte requerer o depoimento pessoal da outra, a fim de interrogá-la na audiência de instrução e julgamento. § 1º A parte será intimada pessoalmente, constando do mandado que se presumirão confessados os fatos contra ela alegados, caso não compareça ou, comparecendo, se recuse a depor. § 2º Se a parte intimada não comparecer, ou comparecendo, se recusar a depor, o juiz lhe aplicará a pena de confissão".
[283] A propósito, a lição de FAVARETTO, Isolde. *Comportamento processual das partes como meio de prova*. Porto Alegre: Acadêmica, 1993. p. 55-56: "A aplicação da norma de experiência deve ser bem medida, bem pensada e, sobretudo, o seu aproveitamento, deve ser cauteloso. Assim, pela circunstância que envolve vários elementos chegados ao processo, entre os quais o comportamento da parte através de seu procurador, se torna difícil às vezes, a aplicabilidade da chamada norma de experiência em alguns casos, em base da qual se opera a forma dedutiva do fato a ser provado. Considerando, então, o comportamento processual das partes como fonte de presunção, não se pode afirmar que essa regra de experiência seja uma priva plenamente eficaz".
[284] Cuja dicção é: "Ao decidir o pedido, o juiz admitirá como verdadeiros os fatos que, por meio do documento ou da coisa, a parte pretendia provar: I – se o requerido não efetuar a exibição, nem fizer qualquer declaração no prazo do art. 357; II – se a recusa for havida por ilegítima".

que recebe do Estado-Juiz a declaração de uma paternidade por presunção, operando a negativa do suposto pai como indício do vínculo da filiação.[285]

Constata-se, portanto, que o sistema processual civil brasileiro contém mecanismos que propiciam a interpretação da recusa, manifestada pelo suposto pai em relação à extração de material genético para o exame pericial, de que são exemplos os artigos 343 e 359 do Código de Processo Civil, efeitos estes sustentados pela decisão do Supremo Tribunal Federal abordada nesse estudo.

É em razão disso que se sustenta que o sistema jurídico brasileiro recepciona obstáculos à revelação da identidade genética e, por via de conseqüência, à busca da identidade pessoal.

Vale destacar que tais mecanismos revelam-se instrumentos reacionários. Não é razoável que o sistema jurídico brasileiro permaneça valendo-se das presunções em matéria de filiação para continuar mantendo uma verdade ficta, ou até para cometer erros, ao sacralizar a presunção de filiação, valendo-se de mecanismos processuais.[286]

A contemporaneidade requer um outro perfil de ordenamento, justificando-se tal assertiva na relevância do significado da declaração judicial de um estado de filiação – *status* este em cuja aquisição estão em jogo valores morais, psíquicos, materiais, sociais, culturais, dentre outros.

---

[285] Nesse sentido, os seguintes julgados: (1) "Coincidência entre a concepção do filho e as relações sexuais mantidas pela genitora com o suposto pai, sem que haja qualquer prova de que aquela, durante este período, levasse vida desregrada – Fatos que, aliados à recusa injustificada do réu em submeter-se ao exame de DNA, impõem o reconhecimento de paternidade". (*Revista dos Tribunais*, n. 765, p. 326, jul., 1999); (2)"Investigado que se recusa, imotivadamente, a submeter-se a perícia – Presunção de paternidade – Admissibilidade, quando há nos autos outras provas nesse sentido. Presume-se a paternidade de quem se recusa, imotivadamente, a realizar exame de HLA, mormente quando há nos autos outras provas nesse sentido". (*Revista dos Tribunais*, n. 759, p. 339, jan., 1999)

[286] A propósito deste tema, ver MADALENO, Rolf. A sacralização da presunção na investigação de paternidade. In: ──. *Novas perspectivas no direito de família*. Porto Alegre: Livraria do Advogado, 2000. p. 155-176.

Sustenta-se, dentre as propostas desse estudo, excluir do sistema jurídico brasileiro a possibilidade da recusa do investigado em submeter-se à perícia genética, por tratar-se de um obstáculo à realização de prova lícita e necessária para que a verdade biológica venha à tona, sendo desarrazoada a relutância do investigado em submeter-se ao exame.

Sua recusa viola o interesse da pessoa que busca judicialmente averiguar sua ascendência genética, porque lhe nega o direito fundamental de conhecer sua origem paterna, comportamento este que, na visão de Maria Celina Bodin de Moraes, revela-se como hipótese de abuso do direito que ocorre, especialmente, "quando o exercício do direito anti-social, compromete o gozo dos direitos de terceiros, gerando objetiva desproporção, do ponto de vista valorativo, entre a utilidade do exercício do direito por parte de seu titular e as conseqüências que outros têm que suportar".[287]

No caso do exame em DNA, ilustra Moraes que

"(...) tal é exatamente a hipótese que se examina aqui: de um lado o exercício do direito à incolumidade física, afetado em proporção insignificante, 'ridícula' ou 'risível'; de outro, o sacrifício que se quer impor ao provável filho, qual seja, o de jamais ter acesso à verdade real acerca de sua ascendência biológica. A desproporção, do ponto de vista da tábua axiológica estabelecida pela Constituição Federal de 1988, é, a toda evidência, flagrante".[288]

É inevitável pensar que a recusa do investigado é causa de uma frustração generalizada, por desencadear um impasse que frustra o Poder Judiciário e a pessoa que a ele recorre, almejando a concretização integral de seus direitos, no caso, o de conhecer a identidade pessoal e ascender ao estado de filiação com certeza cientí-

---
[287] MORAES, Maria Celina Bodin de. O direito personalíssimo..., op. cit., p. 232.
[288] Ibidem, p. 232.

fica do vínculo, possibilitada pela descoberta da perícia genética em DNA. Essa dificuldade criada pelo comportamento obstrutivo do investigado, somada à interpretação jurisprudencial acerca do tema, levou à redação das normas contidas nos artigos 231 e 232 do novo Código Civil brasileiro, que reputam a confissão ficta e o indício como provas para um julgamento por presunção.[289] Levou, também, à elaboração de Projetos de Lei que estabelecem a presunção da paternidade no caso de recusa ao exame em DNA.[290]

Embora tais normas, de natureza processual, estejam inadequadamente situadas na nova lei civil, sua inserção reflete o entrave em que se viu a jurisprudência nacional ao tratar do tema da recusa à perícia genética, transformando-se a lei de direito material numa espécie de sanção ao comportamento negativo do suposto pai.

Sustenta-se nesse texto o reconhecimento de que a identificação genética da progenitura por meio de um novo, importante e eficiente meio de prova – perícia em DNA – está a merecer uma disciplina jurídica específica no tocante aos dados probatórios, e isto só será possível a partir de uma releitura do sistema jurídico brasileiro, de acordo com os valores da contemporaneidade, sob pena de estar-se desprezando o relevo da verdade biológica da filiação, conquistada pelo avanço da Engenharia Genética e pelo incremento do Direito na proteção integral da pessoa.

Diante disso, a proposta desta tese é de inclusão da compulsoriedade ao exame genético, sempre que exigido das partes ou de terceiros, adotando o Direito alemão como paradigma.

Assim se propõe, objetivando evitar que o direito fundamental à identidade pessoal e a inserção na ances-

---

[289] Que dizem, respectivamente: "Aquele que se nega a submeter-se a exame médico necessário não poderá aproveitar-se de sua recusa". "A recusa à perícia médica ordenada pelo juiz poderá suprir a prova que se pretendia obter com o exame".
[290] Trata-se dos PLC nº 64/99 e 4719/01.

tralidade sejam obstruídos, garantindo a tutela máxima na proteção da dignidade da pessoa que busca conhecer suas origens.

4.3. Caso julgado sem amparo da prova científica em DNA: uma hipótese de mitigação da coisa julgada

A Constituição Federal brasileira de 1988 e os princípios que espelham sua ideologia, seus postulados básicos e suas finalidades, eleitos pelo constituinte como fundamentos ou qualificações essenciais da ordem jurídica que constitui, além de exigir um novo perfil das relações jurídicas de direito material – envolvendo especificamente o conhecimento da ascendência genética como criador do estado de filiação –, está a vindicar uma transformação na seara do direito processual civil pátrio.

A partir da Carta Constitucional de 1988, o Poder Judiciário tornou-se depositário de um conjunto de expectativas originadas da recepção de novos direitos, ações e da maior consciência de cidadania provocados pelo solidarismo presente em seu texto.

Nesse contexto, visualiza-se especificamente uma modificação que aflora no instituto da coisa julgada.

Tal alteração vem operando no aspecto material da coisa julgada e é esta estabilidade que interessa ao presente estudo, restando afastada da reflexão a coisa julgada formal.[291]

---
[291] Na lição de Ovídio A. Baptista da Silva, "pode haver um certo grau de estabilidade de que as partes podem desfrutar, quando, num dado processo, se tenham esgotados todos os recursos admissíveis, por meio dos quais se poderia impugnar a sentença *nele proferida*, sem contudo evitarem-se impugnações e controvérsias subseqüentes, *quando postas como objeto de processos diferentes*. A esta estabilidade relativa, através da qual, uma vez proferida a sentença e exauridos os possíveis recursos contra ela admissíveis, não mais se poderá modificá-la *na mesma relação processual*, dá-se o nome de *coisa julgada formal*, por muitos definida como a preclusão máxima, na medida em que encerra o respectivo processo e as possibilidades que as partes teriam, a partir daí, de reabri-lo para novas discussões, ou para os pedidos de modifi-

Sensível às expectativas da sociedade contemporânea, que aspira à concreta realização dos valores consagrados pela nova ordem constitucional, o Superior Tribunal de Justiça, representado por sua Quarta Turma, dentro dos limites e possibilidades que o ordenamento jurídico brasileiro oferece, e imbuído de seu mister de atender aos valores e sentimentos que acobertam as relações pessoais da contemporaneidade, inovou, em caráter inédito, a compreensão do instituto da coisa julgada e do princípio da segurança jurídica.

Em dois julgados, envolvendo situações fáticas peculiarmente próximas, no sentido de tratarem ambas da inexistência de prova científica a embasar decisão relativa à filiação, o Superior Tribunal de Justiça decidiu em sentido contraditório.

No primeiro caso, preservou a força da coisa julgada, não admitindo fosse reaberta a questão a partir da realização de um exame de DNA, posterior ao feito já julgado, em nome da certeza jurídica conferida pela coisa julgada.[292]

cação daquilo que fora decidido. (...) A estabilidade que torna a sentença indiscutível para sempre entre as partes, impedindo que os juízes dos processos futuros novamente se pronunciem sobre aquilo que fora decidido, é o que se denomina de *coisa julgada material*". Ao comentar o dispositivo legal do artigo 467 do Código de Processo Civil brasileiro, o jurista conclui que "com tal definição, pretendeu o legislador indicar que a imutabilidade que protege a sentença, tornando-a indiscutível nos processos futuros, somente poderá ter lugar, *depois de formar-se sobre ela a coisa julgada formal*; ou seja, a coisa julgada material pressupõe a coisa julgada formal. Por outras palavras, para que haja imutabilidade a indiscutibilidade da sentença no futuro, primeiro é necessário conseguir-se sua indiscutibilidade na própria relação jurídica de onde ela provém. Não há *coisa julgada material*, sem a prévia formação da *coisa julgada formal*, de modo que somente as sentenças contra as quais não caibam mais recursos poderão produzir *coisa julgada material*" (SILVA, Ovídio A. Baptista da. *Curso de processo civil*. 2. ed. Porto Alegre: Sérgio Fabris, 1991. v. 1, p. 412-413). (grifos do original)
[292] Na forma do voto do Ministro Carlos Alberto Menezes DIREITO: "I - Seria terrificante para o exercício da jurisdição que fosse abandonada a regra absoluta da coisa julgada que confere ao processo judicial força para garantir a convivência social, dirimindo os conflitos existentes. Se, fora dos casos nos quais a própria lei retira a força da coisa julgada, pudesse o Magistrado abrir as comportas dos feitos já julgados para rever as decisões não haveria como vencer o caos social que se instalaria. A regra do art. 468 do Código de Processo Civil é libertadora. Ela assegura que o exercício da jurisdição completa-se com o último julgado, que se torna inatingível, insuscetível de modificação. E a sabedoria do Código é revelada pelas amplas possibilidades

Na decisão subseqüente, acolhendo a evolução pela qual vêm passando as relações pessoais na seara do Direito de Família – notadamente as estabelecidas entre filhos e pais – asseverada pela revolução Biotecnológica alcançada pela conquista científica da Engenharia Genética, das quais o Direito não está imune às respectivas conseqüências revolucionárias, o Superior Tribunal de Justiça, em investigatória de paternidade decidida antes que o exame pelo DNA fosse disponível, em nome dos fins sociais do processo e das exigências do bem comum, buscando a substituição da verdade ficta pela verdade real, admitiu a repetição da ação anteriormente julgada.[293]

recursais e, até mesmo, pela abertura da via rescisória naqueles casos precisos que estão elencados no art. 485. II - Assim, a existência de um exame pelo DNA posterior ao feito já julgado, com decisão transitada em julgado, reconhecendo a paternidade, não tem o condão de reabrir a questão com uma declaratória para negar a paternidade, sendo certo que o julgado está coberto pela certeza jurídica conferida pela coisa julgada". (BRASIL. Superior Tribunal de Justiça. Recurso Especial nº 107.248-GO, relator Ministro Carlos Alberto Menezes DIREITO, DJU 29/06/1998)

[293] A ementa do acórdão é: "Processo civil. Investigação de paternidade. Repetição de ação anteriormente ajuizada, que teve seu pedido julgado improcedente por falta de provas. Coisa julgada. Mitigação. Doutrina. Precedentes. Direito de Família. Evolução. Recurso acolhido. I – Não excluída expressamente a paternidade do investigado na primitiva ação de investigação de paternidade, diante da precariedade da prova e da ausência de indícios suficientes a caracterizar tanto a paternidade como a sua negativa, e considerando que, quando do ajuizamento da primeira ação, o exame pelo DNA ainda não era disponível e nem havia notoriedade a seu respeito, admite-se o ajuizamento de ação investigatória, ainda que tenha sido aforada uma anterior com sentença julgando improcedente o pedido. II – Nos termos da orientação da Turma, 'sempre recomendável a realização de perícia para investigação genética (HLA e DNA), porque permite ao julgador um juízo de fortíssima probabilidade, senão de certeza' na composição do conflito. Ademais, o progresso da ciência jurídica, em matéria de prova, está na substituição da verdade ficta pela verdade real. III – A coisa julgada, em se tratando de ações de estado, como no caso de investigação de paternidade, deve ser interpretada *modus in rebus*. Nas palavras de respeitável e avançada doutrina, quando estudiosos hoje se aprofundam no reestudo do instituto, na busca sobretudo da realização do processo justo, 'a coisa julgada existe como criação necessária à segurança prática das relações jurídicas e as dificuldades que se opõem à sua ruptura se explicam na mesma razão. Não se pode olvidar, todavia, que numa sociedade de homens livres, a Justiça tem de estar acima da segurança, porque sem Justiça não há liberdade. IV – Este Tribunal tem buscado, em sua jurisprudência, firmar posições que atendam aos fins sociais do processo e às exigências do bem comum" (BRASIL. Superior Tribunal de Justiça, Recurso Especial nº 226.436-PR, relator ministro Sálvio de Figueiredo Teixeira, j. 28/06/2001, DJU 04/02/2002).

Esse pronunciamento do Poder Judiciário brasileiro revela o novo tempo, também no espaço do direito processual civil, no que diz respeito às transformações do sistema jurídico a partir da modernidade.

Historicamente, é com o racionalismo moderno que se engendraram as codificações no Direito europeu ocidental, modelo assimilado pelo Direito brasileiro.

Possuir uma legislação codificada significou, na modernidade, que o Direito se consubstanciava nos conceitos e nas relações jurídicas tipicamente definidos pelo ordenamento central – o Código. Isto ocorreu tanto no direito material quanto no direito processual.

Voltando-se a atenção para a lei processual civil, o ideal do racionalismo moderno era, no âmbito do processo, a busca de "certeza do direito", no sentido de um direito rigidamente determinável e previsível a ser exercido e proferido pela atividade jurisdicional.

Havia uma preocupação de afastar a ocorrência de arbítrios judiciais, razão pela qual as leis processuais haveriam de determinar-se de tal modo que a função judicial reduzir-se-ia à pura aplicação do texto legal. Caso houvesse uma indeterminação do sentido da lei, permissiva de tornar o julgador um criador do direito, ou em última análise, um legislador, isso era tido como contraditório, ou mesmo incompatível, com a doutrina da divisão de poderes.

Fomentado por essas idéias, emergiu o valor segurança, em detrimento do valor justiça, enquanto polaridades antagônicas, na constituição da idéia de Direito e sistema jurídico, caracterizado especialmente, nas raízes do conceitualismo moderno, pelo divórcio entre as criações puramente normativas do Direito e o mundo social, com o escopo de garantir a preservação da paz entre os jurisdicionados.[294]

A segurança foi consagrada como direito natural e imprescritível, no artigo 2º da Declaração dos Direitos

---

[294] SILVA, Ovídio A. Baptista da. *Jurisdição e execução na tradição romano canônica*. 2. ed. São Paulo: Revista dos Tribunais, 1997. p. 104-108.

do Homem e do Cidadão de 1789, e encontra-se positivada como um direito individual na Constituição brasileira de 1988, ao lado dos direitos à vida, à liberdade, à igualdade e à propriedade, na dicção expressa do *caput* do artigo 5º.[295]

No âmbito do Direito, a segurança ganha vestes de segurança jurídica e, como tal, passou a designar um conjunto abrangente de idéias e conteúdos que, na lição de Luis Roberto Barroso, incluem:

"1. a existência de instituições estatais dotadas de poder e garantias, assim como sujeitas ao princípio da legalidade.
2. a confiança nos atos do Poder Público, que deverão reger-se pela boa-fé e pela razoabilidade;
3. a estabilidade das relações jurídicas, manifestada na durabilidade das normas, na anterioridade das leis em relação aos fatos sobre os quais incidem e na conservação de direitos em face de lei nova;
4. a previsibilidade dos comportamentos, tanto os que devem ser seguidos como os que devem ser suportados;
5. a igualdade na lei e perante a lei, inclusive com soluções isonômicas para situações idênticas ou próximas".[296]

Cada domínio do Direito tem um conjunto de normas voltadas para a segurança jurídica, muitas com mote constitucional.[297] O instituto da coisa julgada pre-

---

[295] "Todos são iguais perante a lei, sem distinção de qualquer natureza, garantindo-se aos brasileiros e aos estrangeiros residentes no País a inviolabilidade do direito à vida, à liberdade, à igualdade, à segurança e à propriedade".
[296] BARROSO, Luis Roberto. A segurança jurídica na era da velocidade e do pragmatismo. (reflexões sobre direito adquirido, ponderação de interesses, papel do Poder Judiciário e dos meios de comunicação). In: ——. *Temas de direito constitucional*. Rio de Janeiro: Renova, 2001. p. 50-51.
[297] Pode-se citar como exemplo no direito civil, o casamento e o estabelecimento de uma ordem de vocação hereditária e no direito penal, os princípios da reserva legal, da anterioridade da lei penal, da presunção de inocência.

vista no inciso XXXVI do artigo 5º da Constituição Federal é um exemplo disso.[298]

Dentre os espaços processuais de atuação da coisa julgada está o chamado processo de conhecimento,[299] no qual se encontra encartada a ação de investigação de paternidade.

Nesse procedimento, como os demais procedimentos análogos, a conseqüência buscada são os juízos pretensamente definitivos de certeza do direito, que no âmbito exclusivo do processo é auferido, após uma longa jornada desenvolvida pelas partes que debatem judicialmente seus argumentos, sendo o resultado final a emissão pelo julgador de um juízo acerca da verdade processualmente conhecida ou revelada (juízo de certeza), obtido pelo magistrado através dos meios de defesa e de ataque utilizados pelos litigantes – ato jurídico denominado sentença. É com ela que as partes alcançam a tão almejada definição da controvérsia estabelecida no início da ação processual.

As sentenças judiciais são dotadas de uma característica que as faz imunes às futuras controvérsias impedindo que se modifique, ou discuta novamente, aquilo que o julgador tiver declarado como sendo a "lei do caso concreto".[300] Essa característica ou qualidade da sentença denomina-se coisa julgada, por meio da qual se alcança a estabilidade protetora do que o magistrado

---

[298] "A lei não prejudicará o direito adquirido, o ato jurídico perfeito e a coisa julgada".
[299] Cf. SILVA, Ovídio A. Baptista da. *Jurisdição...*, op. cit., p. 120, "o processo de conhecimento – declaratório e ordinário por definição – exige sentença condenatória, como indispensável elemento de conexão entre essa porção de atividade jurisdicional, que se encerra com o julgamento, e as formas de tutela executória, eliminadas do Processo de Conhecimento. Quando o art. 162 do nosso Código de Processo Civil estabeleceu, por definição legal, que a sentença haverá de ser, necessariamente, o ato que encerra o processo, estava a proclamar duas coisas: I) o processo de conhecimento será sempre ordinário; II) não contendo ele qualquer vestígio de executividade, fica subentendido que a passagem dele para o Processo de Execução terá de dar-se através da sentença condenatória".
[300] SILVA, Ovídio A. Baptista da. *Curso...*, op. cit., p. 412.

haja decidido como sendo "a verdade processualmente revelada".[301]

Chiovenda escreveu que

"(...) a coisa julgada é a eficácia própria da sentença que acolhe ou rejeita a demanda, e consiste em que, pela suprema exigência da ordem e da segurança da vida social, a situação das partes fixada pelo juiz com respeito ao bem da vida (res), que foi objeto de contestação, não mais pode, daí por diante, contestar; o autor que venceu, não pode mais ver-se perturbado no gozo daquele bem; o autor que perdeu, não lhe pode mais reclamar, ulteriormente o gozo. A eficácia ou a autoridade da coisa julgada é, portanto, por definição, destinada a agir no futuro, com relação aos processos futuros".[302]

Liebman não fala de efeito ou de eficácia, mas aduz que a coisa julgada deve ser entendida como uma maneira, ou uma qualidade inerente a todos os efeitos da sentença,[303] revelando-se esta qualidade em sua imutabilidade e indiscutibilidade que aos efeitos se incorpora, a partir de um dado momento.[304]

A estabilidade do resultado do processo é garantida, então, pelo fenômeno processual da coisa julgada, que se traduz numa efetiva exigência de certeza e segurança nas relações jurídicas, cujas raízes assentam-se no racionalismo moderno do qual se impregnou a ciência do processo no século passado, permanecendo presente e válido nos dias atuais, muito embora tal

---
[301] Assim dispõem os artigos 467 e 468 do Código de Processo Civil brasileiro, respectivamente: "Denomina-se coisa julgada material a eficácia, que torna imutável e indiscutível a sentença, não mais sujeita a recurso ordinário ou extraordinário". "A sentença, que julgar total ou parcialmente a lide, tem força de lei nos limites da lide e das questões decididas".
[302] CHIOVENDA, Giuseppe. *Instituições de direito processual civil*. 2. ed. Campinas: Bookseller, 2000. p. 452.
[303] Que podem ser declaratório, constitutivo, executório, condenatório ou mandamental.
[304] LIEBMAN, Enrico Túlio. *Eficácia e autoridade da sentença*. Tradução de Alfredo Buzaid e Benvindo Aires. Rio de Janeiro: Forense, 1945. p. 36.

validade seja objeto de reflexão desse estudo, tomada sob uma determinada perspectiva.

A certeza traduz-se, sob a ótica do racionalismo da modernidade, na utilização e absorção pelo magistrado do chamado "mundo jurídico" – regras e conceitos que conduzem o juiz ao raciocínio decisório, ancorado em bases metajurídicas simples, estáveis e compartilhadas e utilizando-se de uma estrutura lógica relativamente simples.

É a certeza do direito, cuja verdade é proferida pelo julgador de acordo com o seu raciocínio jurídico que se desenvolve a partir das escolhas que faz relativas à individualização, interpretação e aplicação de normas jurídicas substanciais e processuais.[305]

Feitas essas observações, cabe contextualizá-las no âmbito das demandas investigatórias de paternidade, cuja relevância na contemporaneidade deu-se em função, como já asseverado, da crescente proteção jurídica da pessoa do filho, que nasce sem conhecer sua origem paterna, aliada à revolução da Engenharia Genética, que permite desvelar a ascendência biológica com certeza científica, certeza esta que os exames anteriores ao DNA não eram capazes de revelar.

No que pertine à investigação judicial de paternidade, notadamente no âmbito da valoração das provas, o avanço biotecnológico da comprovação do vínculo genético fez surgir um novo fundamento: a prova científica da existência do elo biológico,[306] que possibilita ao magistrado, ao dizer o direito através da sentença, ter a certeza cientificamente comprovada pela perícia em

---

[305] Cf. TARUFFO, Michele. *Senso comum, experiência e ciência no raciocínio do juiz*. Tradução de Cândido Rangel Dinamarco. Curitiba: IBEJ, 2001. p. 38.

[306] Pode-se ousar a afirmar que nos dias atuais este é o único fundamento da ação de investigação de paternidade, até porque a nova legislação de direito civil (Lei nº 10.406, de 10 de janeiro de 2002) baniu da codificação de 2002 as hipóteses casuísticas do artigo 363 do Código Civil de 1916, que sempre nortearam as demandas investigatórias de paternidade. Estas hipóteses tiveram sua razão de ser no sistema jurídico ante a inexistência de prova científica do vínculo entre filhos e pais, contudo, tornaram-se obsoletas diante do DNA.

DNA, proferindo uma decisão que revela não mais a verdade formal, mas sim a verdade material.

Nesse rumo, enquanto uma sentença proferida antes de se ter o exame em DNA era destituída de comprovação científica da verdade biológica da filiação, na atualidade passa a ter um embasamento científico, e a certeza deixa de ser "certeza do direito da filiação" para ser "certeza científica da filiação".

Essa certeza científica revela-se indispensável à concretização dos valores da sociedade atual em matéria de conhecimento da origem genética, deixando para trás, de uma vez só, toda a dificuldade criada pelo sistema burocrático da codificação, porquanto se está a tratar, na contemporaneidade, do direito à identidade pessoal como conteúdo jurídico do princípio da dignidade da pessoa humana.

O caminho percorrido pela prova da paternidade buscou sempre desvendar o véu do mistério que envolve o ato da procriação, inacessível à percepção direta dos sentidos. O relacionamento sexual é ato singular, e a dificuldade maior das ações investigatórias de paternidade é, tradicionalmente como sempre foi, como fazer prova dele.

O fato carnal da natureza foge à possibilidade de percepção objetiva e material, ainda mais se se pensar que o ato sexual nem sempre pode estar relacionado ao nascimento de uma criança.[307] Daí as dificuldades, ou mesmo, impossibilidade, de se comprovar de forma direta o ato da procriação. Todavia, tais dificuldades não tinham o condão de desviar a verdadeira perspectiva do problema.

---

[307] Neste sentido, José Maria Marlet: "a prova de conjunção carnal não estabelece a vinculação obrigatória com a fecundação. É curial que nem sempre a relação sexual é seguida de gestação e nem o coito com um homem exclui a possibilidade de conjunção carnal próxima com outros homens, como acontece, p. ex., no *plurium concubentium*, de maneira que, acontecendo a fecundação, difícil se torna saber qual dos homens foi o que forneceu o espermatozóide fecundante". (MARLET, José Maria. Valorização das provas de investigação de paternidade. *Revista dos Tribunais*, São Paulo, n. 569, p. 248, mar. 1983).

O substrato das demandas de investigação de paternidade é a descoberta do vínculo biológico, como forma de efetivação dos direitos constitucionais conferidos à criança e ao adolescente do respeito, da igualdade, da convivência familiar e comunitária, dentre outros elencados no artigo 227 da Constituição Federal,[308] acentuados pelo direito à revelação da ascendência genética, disposto no artigo 27 do Estatuto da Criança e do Adolescente.

O julgador encontrou-se, até o advento do DNA, preso aos condutores da verdade processual construída no bojo da ação investigatória, que sempre foram os indícios e as presunções, capazes de reconstruir os fatos do mundo dentro do processo judicial da paternidade, sendo necessário que o raciocínio opere para extrair dos fatos conhecidos o desconhecido, observados pela relação de causa e efeito.[309]

A casuística elencada no artigo 363 do Código Civil brasileiro de 1916,[310] ao ser banida do novo Código Civil,[311] caracteriza uma ampliação sem restrições das situações plausíveis de integrarem a *causa petendi* das ações de investigação de paternidade. Atualmente, a filiação biológica é a causa de pedir destas ações, e p(r)onto.

À luz da codificação de 2002, ausentes quaisquer limitações à dedução da pretensão investigatória da

---

[308] "É dever da família, da sociedade e do Estado assegurar à criança e ao adolescente, com absoluta prioridade, o direito à vida, à saúde, à alimentação, à educação, ao lazer, à profissionalização, ao respeito, à liberdade, à convivência familiar e comunitária, além de colocá-los a salvo de toda forma de negligência, discriminação, exploração, violência, crueldade e opressão".
[309] MOURA, Mário Aguiar. *Tratado prático da filiação*: filiação legítima e ilegítima. 2. ed. Rio de Janeiro: AIDE, 1984. v. 2, p. 519.
[310] "Os filhos ilegítimos de pessoas que não caibam no art. 183, ns. I a VI, têm ação contra os pais, ou seus herdeiros, para demandar o reconhecimento da filiação: I – Se ao tempo da concepção e mãe estava concubinada com o pretendido pai. II – Se a concepção do filho reclamante coincidiu com o rapto da mãe pelo suposto pai, ou suas relações sexuais com ela. III – Se existir escrito daquele a quem se atribui a paternidade, reconhecendo-a expressamente".
[311] *Cf.* consta do Capítulo III (Do reconhecimento dos filhos), do Subtítulo II (Das relações de parentesco), nos artigos 1.607 a 1.617.

paternidade, ressalta-se a necessidade de exame de todos os meios de prova necessários à formação do convencimento do juiz, sejam elas provas indiretas, como as orais, testemunhais, sejam as provas científicas. As provas indiretas, quais sejam, as produzidas pelas partes envolvidas, não conduzem, e jamais conduzirão à revelação da verdade biológica, permanecendo, destarte, na revelação indiciária e presumida do vínculo genético de paternidade, dando origem à "certeza do direito".

Daí a relevância ímpar do exame pericial em DNA, como prova robusta do vínculo genético, num verdadeiro e necessário diálogo interdisciplinar de fontes para a revelação segura da verdade científica e material dentro do processo judicial.

Com o surgimento da prova pericial em DNA, a verdade da paternidade passou a ser concebida como real, e não mais jurídica ou presumida[312] e, em cotejo com as outras provas processuais, este exame acaba por receber um valor diferenciado, agraciado como o método científico capaz de desvendar a verdade biológica, deixando para trás o longo do caminho das presunções e indícios que acompanharam a descoberta judicial da paternidade.[313]

Diante do avanço Biotecnológico, passa-se a admitir ser possível na contemporaneidade, em ações de investigação de paternidade, *revisitar* um julgado no

---

[312] O Ministro Francisco REZEK frisou esta transposição de concepções sustentando que "a certeza científica proporcionada pela nova técnica oferece ao julgador um elemento sólido para a construção da verdade. A verdade jurídica, geralmente fundada em presunção, passa a poder identificar-se com a verdade científica. Com o novo exame surge, pela primeira vez, a possibilidade de se substituir a verdade ficta pela verdade real". (BRASIL. Supremo Tribunal Federal, Habeas Corpus nº 71.373-4/RS, j. 10/11/1994, DJU 22/11/1996)

[313] Para uma análise do progresso das investigações no domínio da engenharia genética e da microbiologia, que confere aos conceitos jurídicos, até há pouco considerados firmes e inultrapassáveis, um relativismo considerável, ver o estudo de Direito Comparado apresentado por RODRIGUES, Álvaro da Cunha Gomes. Alguns aspectos da filiação nos ordenamentos jurídicos português e brasileiro. In: TEIXEIRA, Sálvio de Figueiredo (Coord.). *Direitos de família e do menor*. Belo Horizonte: Del Rey, 1993. p. 55-63.

qual não se tenha utilizado o critério científico na apuração da verdade, para torná-lo cientificamente seguro, isto porque a sentença proferida pode, ou não, coincidir com a verdade biológica, dada a sua estabilidade jurídica como fruto da persuasão íntima do julgador, e não uma comprovação científica.

A permissão de se rediscutir a coisa julgada na esfera civil é tanto a prevista no artigo 485 do Código de Processo Civil,[314] que prevê a denominada *ação rescisória*, tendo por escopo a desconstituição de uma sentença já transitada em julgado, mas cujo mérito está, provavelmente, impregnado de vícios,[315] quanto abrange a hipótese de uma nova ação de investigação de paternidade, mesmo depois de ultrapassado o prazo decadencial da ação rescisória.[316]

Tal permissivo repousa na justificativa segundo a qual uma decisão, proferida no bojo de uma ação inves-

---

[314] Cuja dicção é: "A sentença de mérito, transitada em julgado, pode ser rescindida quando: I – se verificar que foi dada por prevaricação, concussão ou corrupção do juiz; II – proferida por juiz impedido ou absolutamente incompetente; III – resultar de dolo da parte vencedora em detrimento da parte vencida, ou de colusão entre as partes, a fim de fraudar a lei; IV – ofender a coisa julgada; V – violar literal disposição de lei; VI – se fundar em prova, cuja falsidade tenha sido apurada em processo criminal ou seja provada na própria ação rescisória; VII – depois da sentença, o autor obtiver documento novo, cuja existência ignorava, ou de que não pôde fazer uso, capaz, por si só, de lhe assegurar pronunciamento favorável; VIII – houver fundamento para invalidar confissão, desistência ou transação, em que se baseou a sentença; IX – fundada em erro de fato, resultante de atos ou de documentos da causa; § 1º Há erro, quando a sentença admitir um fato inexistente, ou quando considerar inexistente um fato efetivamente ocorrido. § 2º É indispensável, num como noutro caso, que não tenha havido controvérsia, nem pronunciamento judicial sobre o fato".
[315] *Cf.* Berenice Magri, "a ação rescisória tem sua incidência inspirada à luz das hipóteses taxativamente elencadas nos incisos do art. 485 do CPC e que se referem a quatro fundamentos: um relativo ao juiz; outro concernente às partes; outro relativo à sentença e o atinente às provas". (MAGRI, Berenice Soubhie Nogueira. *Ação anulatória*. São Paulo: Revista dos Tribunais, 1999. p. 153). Rolf Madaleno ensina que "esses fundamentos pertinentes às provas na ação rescisória, seriam as hipóteses de vícios probatórios (prova falsa, erro, dolo, coação) ou, relativos ao meio de prova, que resultaria justamente da existência de um documento novo". (MADALENO, Rolf. *A coisa julgada...*, op. cit., p. 287 et seq.
[316] "Artigo 495. O direito de propor ação rescisória se extingue em 2 (dois) anos, contados do trânsito em julgado da decisão".

tigatória de paternidade sem embasamento científico, revela-se uma verdadeira insegurança jurídica.

Essa insegurança manifesta-se tanto em caso de improcedência do pedido de declaração do estado de filiação por falta de provas, ou pela comprovação da *excepcio plurium concubentium*, quanto em caso de procedência do pedido baseada em provas indiciárias do vínculo biológico, ou na presunção decorrente da recusa do investigado em submeter-se à prova pericial em DNA. Em tais hipóteses, o pronunciamento do Poder Judiciário não revela a verdade biológica, permanecendo a verdade processual baseada em ficções jurídicas, ou, nas palavras de Ovídio A. Baptista da Silva, "com o que fornece o processo – versões", e não verdades.[317]

Sobre o tema – voltado para a garantia do direito à identidade pessoal do filho e sua ascensão ao estado de filiação – a preocupação do presente estudo, na releitura do sistema jurídico brasileiro, é com a hipótese de improcedência do pedido por falta de provas.

Sustenta-se que tal lide permite o retorno ao Poder Judiciário, provocado em novo processo, envolvendo as mesmas partes, tendo em vista tratar-se de uma decisão de cunho meramente processual ou técnico, porquanto, no processo anterior, o investigante não se desincumbiu do ônus de sua prova, quer dizer, não produziu prova bastante para permitir que se declarasse o seu estado biológico de filiação em relação ao investigado.

Nesse caso, não ficou decidido que o réu não fosse pai do autor. Trata-se, portanto, de uma decisão denominada processualmente de "julgamento de não-mérito".[318]

---

[317] SILVA, Ovídio A. Baptista da. *Jurisdição e...*, op. cit., p. 212.
[318] A propósito, a lição de LIMA, Paulo Roberto de Oliveira. *Contribuição à teoria da coisa julgada*. São Paulo: Revista dos Tribunais, 1997. p. 19-20. "Todo julgamento que examine e/ou resolva (homologue transação: resolver sem examinar) a pretensão é julgamento de mérito. Aqueles outros que se limitam à análise dos aspectos processuais ou constitucionais relativos à pretensão da tutela jurídica, são julgamentos de não-mérito. Sejam os julgamentos de mérito ou não-mérito, sempre hão de alcançar um momento em que não podem mais ser atacados através de recursos, quer porque já exercitados todos os

Conceber que o sistema jurídico dê guarida à manutenção de decisões como estas, em obediência ao fenômeno processual da coisa julgada material, é dar espaço para injustiças e descrença na própria razão de ser do Direito, que deve manter-se articulado com a realidade social que ordena e com o avanço dos outros saberes, num aprimoramento constante.

A necessidade de mitigar a coisa julgada material, na visão de Cândido Rangel Dinamarco, dá-se

"por um óbvio predicado essencial à tutela jurisdicional, que a doutrina moderna alcandora e realça, é o da justiça das decisões. Essa é uma preocupação da doutrina e dos tribunais que começam a despertar para a necessidade de repensar a garantia constitucional e o instituto técnico-processual da coisa julgada, na consciência de que não é legítimo eternizar injustiças a pretexto de evitar a eternização de incertezas. Em paralelismo com o bem-comum como síntese dos objetivos do Estado contemporâneo, figura o valor justiça como objetivo-síntese da jurisdição no plano social".[319]

Essa postura foi a do Ministro Sálvio de Figueiredo Teixeira, ao enfrentar a situação no acórdão paradigmático invocado neste estudo. Eis as palavras do Ministro extraídas da decisão:

"*A uma* porque na primeira ação de investigação de paternidade não foi expressamente excluída a paternidade do recorrido. Ao contrário, restou registrado que não havia indícios suficientes a caracterizar tanto a paternidade como sua negativa. Com efeito, no caso, diante da precariedade da prova, não houve certeza jurídica, na primitiva ação de

---

possíveis, quer porque vencido o prazo para a interposição dos cabíveis. Os julgamentos de não-mérito, porque não resolvem o litígio, não impedem o retorno da matéria ao Judiciário, outra vez provocado em novo processo. Até porque o litígio que deu ensejo ao primeiro processo restou irresolvido".
[319] DINAMARCO, Cândido Rangel. Relativizar a coisa julgada material. *Revista Forense*, Rio de Janeiro, n. 358, nov./dez. 2001, p. 11-32.

investigação, a respeito da exclusão da paternidade imputada ao investigado, tendo a decisão se limitado a afirmar que a prova era insuficiente e que a melhor solução seria a improcedência do pedido. Em outras palavras, inexiste na hipótese, real decisão de mérito excluindo a paternidade do investigante.

A *duas*, porque, quando do ajuizamento da primeira ação, o exame pelo DNA ainda não era disponível e nem havia notoriedade a seu respeito.

A *três*, porque todo o progresso da ciência jurídica, em matéria de prova, está na substituição da verdade ficta pela verdade real. A coisa julgada, portanto, em se tratando de ações de estado, como no caso de investigação de paternidade, deve ser interpretada modus in rebus.

A *quatro* porque o fetichismo das normas legais, em atrito com a evolução social e científica, não pode prevalecer a ponto de levar o Judiciário a manifestar-se, mantendo-se impotente em face de uma realidade mais palpitante, à qual o novo Direito de Família prestigiado pelo constituinte de 1988, busca adequar-se".[320]

Diante dos incontestes avanços nas outras searas do conhecimento humano, a idéia de segurança jurídica enfrenta uma crise de identidade neste início de século.

Em verdade, o conceito de segurança jurídica conhece novas vestes decorrente da chegada de um novo tempo. Vive-se hoje a era da velocidade. Velocidade da informação e velocidade da transformação: novas fronteiras nos medicamentos e na genética, novos instrumentos de conexão em rede universal. Nesta variante, dizeres constitucionais voltados para a segurança jurídica, são tratados como estorvos reacionários.[321]

---

[320] BRASIL. Superior Tribunal de Justiça. Recurso Especial nº 226.436-PR, relator Ministro Sálvio de Figueiredo TEIXEIRA, j. 28/06/2001, DJU 04/02/2002 (grifo do original).
[321] BARROSO, Luis Roberto. A segurança..., *op. cit.*, p. 51.

Nesse rumo, não é possível conceber-se que a conquista da aparente paz social trazida pela estabilidade dos julgados com a *res judicata* tenha um preço maior do que o da paz pessoal,[322] sob pena de o Direito desencontrar-se da Justiça.

É preciso repensar a aplicação do instituto da coisa julgada no Direito de Família.[323] Sustentar-se a imutabilidade do julgado por força da *res judicata* em sede de investigação de paternidade é, sem dúvida, demasiado apego à forma,[324] tolhendo o próprio direito de conhecer a si mesmo, por meio de suas origens biológicas, haja vista a parcela genética que é transmitida dos ascendentes aos filhos, pelo DNA. O direito não deve viver em função da forma, mas em função da humanidade.

É descabido, nos dias atuais, diante das profundas alterações axiológicas consagradas pela Constituição Federal de 1988 e com a indiscutível conquista da descoberta científica do estado de filiação, que a verdade biológica seja obstada pela coisa julgada material.

Deve-se ter segurança da realidade, com base na verdade científica, e não na ficção jurídica.

---

[322] Cf. BEBER, Jorge Luís Costa. Ação negatória de paternidade aforada por pai registral ou reconhecido judicialmente. *AJURIS*, Porto Alegre, n. 75, p. 202, jul., 1998.

[323] A propósito do repensar a matéria processual civil, Ovídio A. Baptista da Silva alerta que "as instituições utilizadas pelos sistemas jurídicos dos séculos anteriores são, como todos os valores, relativas, quer dizer, têm relação com uma determinada cultura e um particular ambiente social, não podendo, portanto, aspirar à validade permanente. (...) A idéia de as instituições processuais – o processo de conhecimento e o cortejo conceitual que o sustenta – sejam neutras e livres de qualquer compromisso com a História e com o contexto cultural que as produziu é absolutamente falsa.(...) Na verdade, o processo de conhecimento, como qualquer 'lógica absolutizante', que se construa sobre rígidos silogismos, particularmente quando este tipo de lógica se aplique às ciências sociais, estará fadado ao insucesso, sempre que as situações sociais sofram modificações profundas". (SILVA, Ovídio A. Baptista da. *Jurisdição e...*, op. cit., p. 201-202.

[324] SILVA, Reinaldo Pereira e. Ascendência biológica e descendência afetiva: indagações biojurídicas sobre a ação de investigação de paternidade. In: SILVA, Reinaldo Pereira e; AZEVEDO, Jackson Chaves (Coords.). *Direitos da Família uma abordagem interdisciplinar*. São Paulo: LTr, São Paulo, 1999. p. 183.

É preciso abrir espaço para a rediscussão das sentenças de improcedência por falta de provas, transitadas em julgado, proferidas nas ações de investigação de paternidade, mitigando-se a força da coisa julgada material que as acompanha.

Para tanto, propõe-se a recepção no direito processual brasileiro de solução análoga às contidas no artigo 16 da Lei de Ação Civil Pública[325] e artigo 18 da Lei de Ação Popular.[326]

Tal entendimento viria preencher a lacuna existente hoje em matéria de investigação de paternidade, possibilitando um adequado julgamento técnico da possibilidade de repetição das demandas investigatórias do vínculo genético, fundadas em prova nova – a perícia em DNA, por seu maior grau de confiabilidade e precisão no resultado.

O juízo de certeza do direito, a que tende uma ação investigatória, que não se baseia na prova científica da filiação, exigirá, com a nova demanda, que o julgador forme o seu convencimento baseado na plenitude da prova do elo biológico que une investigante e investigado, ou da inexistência deste elo, no caso de exame com resultado de exclusão, o que só se alcança com a análise pericial em DNA.

Em uma ou em outra hipótese estar-se-á prestigiando a consagração e a possibilidade de substituir-se a verdade ficta pela verdade genética da filiação e o direito à identidade pessoal.

---

[325] Lei nº 7.347, de 24 de julho de 1985. "Artigo 16. A sentença civil fará coisa julgada *erga omnes*, exceto se a ação for julgada improcedente por deficiência de provas, hipótese em que qualquer legitimado poderá intentar outra ação com idêntico fundamento, valendo-se de nova prova".
[326] Lei nº 4.717, de 29 de junho de 1965. "Artigo 18. A sentença terá eficácia de coisa julgada oponível erga omnes, exceto no caso de haver sido a ação julgada improcedente por deficiência de prova; neste caso, qualquer cidadão poderá intentar outra ação com idêntico fundamento, valendo-se de nova prova".

4.4. Ambivalência de verdades no estado de filiação: os elos biológico e sociafetivo como valores jurídicos

Vista na sua historicidade, a declaração judicial do liame paternal passou por sucessivos impactos nos diversos momentos da evolução do direito brasileiro.

O primeiro deles, caracterizado na ordem normativa através da elaboração de leis e da construção doutrinária e jurisprudencial, evoluiu da proibição do reconhecimento dos filhos havidos fora do casamento para o tratamento isonômico da prole, proibida qualquer discriminação ou tratamento desigual – § 6º, artigo 227, Constituição Federal de 1988.

O segundo advém da seara interdisciplinar, retratado pelos avanços e conquistas da Engenharia Genética, cujo ápice na investigação judicial da paternidade é o denominado exame pericial em DNA.

O terceiro provém do meio sociocultural em que está inserida a pessoa, cujo núcleo essencial é a família, merecedora de especial proteção do Estado, nos precisos termos do artigo 226 da Carta Magna, família esta cujo conceito sofre, na atualidade, um repensar.[327]

O DNA foi interpretado como o fim de um enigma.

O que antes era apenas deduzido por força de lei (presunção *pater is est*), ou por declaração judicial baseada em provas indiciárias (paternidade declarada pelo juiz, fruto de seu estado subjetivo de convicção, uma certeza moral e relativa), passou a ser fundado em um dado objetivo, inspirado na força da perícia genética em

---

[327] Como frisado por Sérgio Gischkow Pereira, "a sociologia e a história mostram a família como entidade mutável e nem poderia ser diferente, pois a família não é supracultural ou algo fora da história. A família sempre mudou através dos tempos e continuará a se modificar. Grandes transformações socioeconômicas alteram as estruturas familiares e criam novas formas e modalidades, que precisam ser acatadas pela legislação, de molde a evitar um grave descompasso entre o Direito de Família e a realidade familiar da população". (PEREIRA, Sérgio Gischkow. Concubinato: união estável. In: CONGRESSO BRASILEIRO DE DIREITO DE FAMÍLIA, 1., 1997, Belo Horizonte. *Anais*. Belo Horizonte: Del Rey, 1998. p. 36).

DNA, não mais se concebendo o vínculo embasado em ficções jurídicas, mas na realidade.[328]

Presidindo o vínculo que se estabelece com a ascensão ao estado de filiação, a verdade biológica alcançada com o teste em DNA dá segurança científica e jurídica às decisões judiciais, não tendo, porém, impedido que se desencadeassem, ao mesmo tempo, dilemas de difícil solução.

Não se pode conceber o estado de filiação, nos tempos atuais, apenas e tão-somente a partir da existência de um vínculo genético.

Sem invalidar o propósito dessa tese, que é o reconhecimento da supremacia do direito fundamental à identidade pessoal, como garantia constitucional da ascensão ao estado de filho, é preciso tangenciar uma outra realidade, paralela à verdade biológica da filiação.

---

[328] Neste rumo, a jurisprudência do STJ: (1) "Segundo orientação que veio a ser adotada pela Turma, em face do Estatuto da Criança e do Adolescente, tem-se por revogados os arts. 178, parágrafo 9º, VI, e 362, do Código Civil, que fixavam em quatro anos o prazo da ação de impugnação ao reconhecimento, contados da maioridade ou da emancipação. Aplica-se, no entanto, o prazo decadencial, se o direito do filho de impugnar o reconhecimento já estava extinto quando do surgimento da nova legislação". (BRASIL. Superior Tribunal de Justiça. Recurso Especial nº 127.638/RS, relator Ministro Sálvio de Figueiredo Teixeira, DJU 13/12/1999); (2) "As normas jurídicas hão de ser entendidas, tendo em vista o contexto legal em que inseridas e considerando os valores tidos como válidos em determinado momento histórico. Não há como interpretar-se uma disposição, ignorando as profundas modificações por que passou a sociedade, desprezando os avanços da ciência e deixando de ter em conta as alterações de outras normas, pertinentes aos mesmos institutos jurídicos. Nos tempos atuais, não se justifica que a contestação da paternidade, pelo marido, dos filhos nascidos de sua mulher, se restrinja às hipóteses do artigo 340 do Código Civil, quando a ciência fornece métodos notavelmente seguros para verificar a existência do vínculo de filiação. Decadência. Código Civil, artigo 178, parágrafo 3º. Admitindo-se a contestação da paternidade, ainda quando o marido coabite com a mulher, o prazo de decadência haverá de ter, como termo inicial, a data em que disponha ele de elementos seguros para supor não ser o pai de filho de sua esposa". (BRASIL. Superior Tribunal de Justiça. Recurso Especial nº 194.866/RS, relator Ministro Eduardo Ribeiro, DJU 14/06/1999). Nesta perspectiva, pode-se concluir que o artigo 339 do Código Civil brasileiro perde força no contexto contemporâneo do Direito de Família por se tratar de uma imposição legal que desconsidera a verdade biológica da paternidade.

O elo que une pais e filhos prescinde, muitas vezes, da ligação genética e, neste rumo, surge uma nova face da filiação.

Ser filho é algo mais do que ser geneticamente "herdeiro" de seu progenitor, porquanto a figura paterna pode não ter contribuído biologicamente para o nascimento daquele que é seu filho, porém possibilitou que o vínculo fosse construído sobre outras bases, que não genéticas.

Essa transformação, que conduz a um repensar das relações paterno-filiais e os valores que as moldam, foi positivada nas próprias alterações axiológicas introduzidas pela Constituição Federal de 1988, quando adotou o princípio da igualdade entre todas as categorias de filhos, tutelou os núcleos familiares não fundados no casamento e monoparentais,[329] desenhando os primeiros contornos da transformação da estrutura da família brasileira codificada.[330]

A família recebeu especial proteção do Estado e clara valorização com o novo ordenamento jurídico constitucional, a teor do que está inserido no artigo 226, *caput*, da Constituição de 1988,[331] desdobrando-se tal proteção no respeito à dignidade de cada um de seus membros, pais e filhos, que recebem tratamento igualitário, não mais sendo diferenciados pela forma da união ou pela origem da descendência.

Tais preceitos, aliados aos princípios constitucionais fundamentais dos artigos 1º a 4º, em especial no que concerne ao 1º, III, segundo o qual se constitui em

---

[329] Na forma dos §§ 3º e 4º, do artigo 226, respectivamente: "Para efeito da proteção do Estado, é reconhecida a união estável entre o homem e a mulher como entidade familiar, devendo a lei facilitar sua conversão em casamento". "Entende-se, também, como entidade familiar a comunidade formada por qualquer dos pais e seus descendentes".
[330] Nesta perspectiva, Gustavo Tepedino ensina que "a Constituição da República altera radicalmente o sistema anterior, consagrando, ao lado da isonomia dos filhos, a tutela de núcleos familiares monoparentais, formado por um dos descendentes com os filhos (art. 226, § 4º), e extramatrimonais, não fundados no matrimônio (art. 226, § 3º). (TEPEDINO, Gustavo. A Disciplina jurídica..., *op. cit.*, p. 393).
[331] "A família, base da sociedade, tem especial proteção do Estado".

fundamento da República a dignidade da pessoa humana,[332] dão os contornos do novo perfil das relações familiares, cujos traços característicos são delineados em três aspectos, na visão de Gustavo Tepedino:[333] "1. A funcionalização de seus membros, em particular dos filhos; 2. A despatrimonialização das relações entre pais e filhos; 3. A desvinculação entre a proteção conferida aos filhos e a espécie de relação dos genitores".

À comunidade familiar, instruída pelo princípio constitucional da dignidade da pessoa humana, foi atribuído o dever de assegurar à criança e ao adolescente o direito à vida, à saúde, à alimentação, à educação, ao lazer, à profissionalização, à cultura, à dignidade, ao respeito, à liberdade e à convivência familiar e comunitária, além de colocá-los a salvo de toda forma de negligência, discriminação, exploração, violência, crueldade e opressão.

A família se democratiza, posto que as relações travadas em seu seio são de igualdade e respeito recíprocos, deixando para trás o conceito de sociedade hierarquicamente organizada, como a retratada pelo Código Civil de 1916, para absorver uma nova e mais extensa concepção social e jurídica de família,[334] infor-

---

[332] A propósito da dignidade da pessoa humana, como um valor a ser respeitado, cabe citar Sauwen, Regina Fiuza e Hryniewicz, Severo: "respeitar o outro como um centro de dignidade consiste na difícil tarefa de tratá-lo efetivamente como pessoa e não como coisa. Tratar alguém como pessoa significa ser capaz de percebê-la e tratá-la como um valor *sui generis*, que não pode ser avaliado segundo princípios de ordem econômica. (...) A pessoa não tem preço e por isso é digna, ou vice-versa". Em seguida, os autores afirmam que "respeitar a pessoa humana implica também combater toda prática que a diminua. A pessoa humana em sua totalidade é muito mais que um simples corpo ou uma simples 'máquina', que pode ter suas *peças* trocadas com o *desmonte* de uma outra 'máquina'. É também um mundo de valores e de relações. É um fim em si mesma, um centro de liberdade e complexidade que é único, indivisível e não-intercambiável" (SAUWEN, Regina Fiuza; HRYNIEWICZ, Severo. *O direito 'in vitro' da Bioética ao Biodireito*. Rio de Janeiro: Lumen Juris, 1997. p. 45-48).
[333] TEPEDINO, Gustavo. A Disciplina Jurídica..., *op. cit.*, p. 393-394.
[334] *Cf.* Luiz Edson Fachin: partindo da indagação "do código civil para o 'código constitucional': definição em curso?", Fachin ensina que "a família do Código por isso mesmo se define: matrimonializada, hierarquizada, patriarcal e de feição transpessoal. Um tempo, outra história e contexto políti-

mada pelo princípio da prevalência do afeto e da autenticidade das relações afetivas, como forma mais justa e de maior acatamento à dignidade humana e mais empenhada que nunca em ser feliz.[335]

Surge a família eudemonista, que assume o papel de espaço onde pais e filhos possam desenvolver o companheirismo, o amor e ser o núcleo formador e fundante do sujeito.[336]

Com o olhar voltado a tal panorama, o estado de filiação não se estabelece, na contemporaneidade, e sob as luzes do Texto Constitucional de 1988, apenas como elo puramente biológico, mas é possível existir dentro de uma realidade histórico-cultural, informada pela prioridade absoluta à pessoa do filho.[337]

De um lado, é inconteste que o liame biológico da relação paterno-filial foi fortalecido com o desenvolvimento da genética e o surgimento do exame pericial em DNA, o qual suplantou todas as perícias hematológicas empregadas, até então, nas investigatórias de paternidade, destacando-se o caráter conclusivo de probabilidade do estado de filiação no resultado do exame em DNA, e não apenas excludente do mesmo.

De outro viés, e não obstante tal fortalecimento, o tema da biologização da filiação comporta questiona-

---

co-econômico. Na Constituição, outra família é apreendida: pluralidade familiar (não apenas a matrimonialização define a família), igualdade substancial (e não apenas formal), direção diárquica e de tipo eudemonista". (FACHIN, Luiz Edson. Curso de..., op. cit., p. 51)
[335] Cf. PEREIRA, Sérgio Gischkow. Tendências modernas do Direito de Família. Revista dos Tribunais, São Paulo, n. 628, p. 19, fev. 1988.
[336] Neste sentido, RIBEIRO, Renato Janine. A família na travessia do milênio. In: CONGRESSO BRASILEIRO DE DIREITO DE FAMÍLIA, 2., 1999, Belo Horizonte. Conferência de abertura. Belo Horizonte, 1999.
[337] Gustavo Tepedino assenta que "o critério hermenêutico, sintetizado na fórmula anglo-saxônica 'The best interest of the child', colhido por nossa mais sensível jurisprudência, adquire, entre nós, conteúdo normativo específico, informado pela cláusula geral de tutela da pessoa humana introduzida pelo art. 1º, III, CF e determinado especialmente no art. 6º da Lei nº 8.069/90 ('Na interpretação desta lei, levar-se-ão em conta os fins sociais a que ela se dirige, as exigências do bem comum, os direitos e deveres individuais e coletivos, e a condição peculiar da criança e do adolescente como pessoas em desenvolvimento')". (TEPEDINO, Gustavo. A Disciplina Jurídica..., op. cit., p. 395).

mentos de variada ordem, uma vez que não se esgota na visão reducionista do mero ato de geração. O elo paterno-filial não se consubstancia na simples consideração da hereditariedade sangüínea, muito embora haja entendimentos que priorizam a verdade biológica da filiação,[338] mas é formado pelos laços afetivos, história pessoal de cada membro pautada por alegrias e tristezas, ligações de parentesco, apoio, comprometimento, solidariedade e influência do ambiente familiar e social, que a realidade dos testes científicos da descoberta da paternidade não podem levar em consideração.[339]

[338] Nesse rumo, fazendo prevalecer a verdade biológica e suplantando a socioafetiva, o seguinte julgado: "Civil. Família. Filiação. Ação para ser declarado nulo assento de nascimento em que o autor declarou como seu filho, nascido da convivência com a mãe, criança cuja paternidade veio a negar com base em laudo que indicou sua esterilidade. Laudo de DNA que o excluiu também. 1. Conquanto haja o autor convivido com a mãe do réu, como se casados fossem, a união de fato não tem o condão de impor paternidade a quem não concorreu para que fosse concebido o menor. Mesmo tendo-o registrado, propiciado-lhe assistência, pois é padecente de paralisia cerebral, e celebrado acordo, em ação de alimentos, fornecendo-lhos, sobrepõe-se a verdade biológica, base da filiação no § 6º, do art. 226, da Carta Magna. 2. Não incidência do prazo decadencial do § 3º, do art. 178, que se aplica apenas ao marido, que pretenda negar a paternidade. Não se estende sequer à união estável". (BRASIL. Tribunal de Justiça do Rio de Janeiro, Apelação Cível nº 6.377/2001, j. 02/05/2001, D.O. 27/09/2001).

[339] A propósito, o Tribunal de Justiça do Estado do Paraná, em decisão paradigmática, sustentou a prevalência da verdade socioafetiva, quando em conflito com a verdade biológica. A ementa do acórdão é a seguinte: "Negatória de paternidade. 'Adoção à brasileira'. Confronto entre a verdade biológica e a sócio-afetiva. Tutela da dignidade da pessoa humana. Procedência. Decisão reformada. 1. A ação negatória de paternidade é imprescritível, na esteira do entendimento consagrado pela Súmula 148/STF, já que a demanda versa sobre o estado da pessoa, que é emanação do direito de personalidade. 2. No confronto entre a verdade biológica, atestada em exame de DNA, e a verdade sócio-afetiva, decorrente da denominada 'adoção à brasileira' (isto é, da situação de um casal ter registrado, com outro nome, menor como se deles filho fosse) e que perdura por quase quarenta anos, há de prevalecer à solução que melhor tutele a dignidade da pessoa humana. 3. A paternidade sócio-afetiva, estando baseada na tendência de personificação do direito civil, vê a família como instrumento de realização do ser humano; aniquilar a pessoa do apelante, apagando-lhe todo o histórico de vida e condição social, em razão de aspectos formais inerentes à irregular 'adoção à brasileira', não tutelaria a dignidade humana, nem faria justiça ao caso concreto, mas, ao contrário, por critérios meramente formais, proteger-se-ia as artimanhas, os ilícitos e as negligências utilizadas em benefício do próprio apelado". (BRASIL. Tribunal de Justiça do Paraná, Apelação Cível nº 108.417-9, relator Desembargador Accacio Cambi, j. em 12/12/2001, DJ/PR 04/02/2002).

É o incremento da filiação socioafetiva, sob a noção da posse de estado de filho, que ganha abrigo nas reformas do direito comparado,[340] a qual não se estabelece com o nascimento, mas num ato de vontade, que se sedimenta no terreno da afetividade, colocando em xeque tanto a verdade jurídica, quanto a certeza científica no estabelecimento da filiação.

A posse de estado de filho, no dizer de Jacqueline Filgueras Nogueira "é aquela relação afetiva íntima e duradoura, que decorre das circunstâncias de fato, situação em que uma criança usa o patronímico do pai, por este é tratado como filho, exercitando todos os direitos e deveres inerentes a uma filiação, o criando, o amando, o educando e o protegendo, e esse exercício é notório e conhecido pelo público".[341]

Esse fortalecimento reflete-se nas adoções[342] e nas inseminações artificiais heterólogas,[343] que realizam o

---

[340] As reformas referentes ao direito de filiação, úteis ao tema, são a francesa de 1972 e a portuguesa de 1977, presentes em ambas, expressamente, a "posse de estado de filho", atribuindo grande valor probante para o estabelecimento da filiação.

[341] NOGUEIRA, Jacqueline Filgueras. *A filiação que se constrói:* o reconhecimento do afeto como valor jurídico. São Paulo: Memória Jurídica, 2001, p. 85-86.

[342] Consoante se verifica no seguinte julgado: "Civil. Adoção. Consetimento da genitora. Ausência. Destituição do pátrio poder. Procedimento próprio. Inobservância. Lei nº 8.069/90 (ECA). Situação fortemente consolidada no tempo. Preservação do bem estar do menor. Manutenção excepcional do *status quo*. I – A dispensa do consentimento paterno e materno para a adoção de menor somente tem lugar quando os genitores sejam desconhecidos ou quando destituídos do pátrio poder. II – Não se configurando expressa anuência da mãe, esta, para perfazer-se, depende, então, da destituição da genitora, o que se opera mediante ação própria, obedecido o devido processo legal previsto na Lei nº 8.069/90, inservível, para tanto, o aproveitamento de mero requerimento de jurisdição voluntária. III – Caso, todavia, em que a adoção perdura por longo tempo – mais de dez anos – achando-se o menor em excelentes condições, recebendo de seus pais adotivos criação e educação adequadas, como reconhecido expressamente pelo Tribunal estadual e *parquet* federal, a recomendar, excepcionalmente, a manutenção da situação até aqui favorável à criança, cujo bem estar constitui o interesse maior de todos e da Justiça". (BRASIL. Superior Tribunal de Justiça, Recurso Especial nº 100.294-SP, relator ministro Aldir Passarinho JUNIOR, j. 28/06/2001, DJU 19/11/2001).

[343] Diz-se "heteróloga" a inseminação artificial realizada em mulher casada com sêmen originário de terceira pessoa, ou, ainda, quando a mulher não é casada. "Homóloga" é a inseminação artificial realizada com sêmen proveniente do próprio marido. (LEITE, Eduardo de Oliveira. *Procriações artificiais*

projeto parental de um casal, criando um vínculo de afeto entre pais e filhos, não obstante a inexistência do vínculo biológico.[344]

Esse é mais um dado da filiação socioafetiva que revela o caráter relativo da ascendência biológica, cuja descoberta pode, até mesmo, vir a ser sacrificada em respeito ao melhor interesse da criança, que preside todos os critérios atuais em tema de filiação e paternidade.[345]

Tal relatividade, contudo, não significa dizer que a dimensão do vínculo de afeto entre pais e filhos afasta a verdade genética.

Hoje, há várias faces ou verdades da filiação, e a instituição de mais um modelo não exclui que ser filho é, *antes de tudo*, um dado biológico, diante do interesse e relevância do conhecimento da origem genética delineados neste estudo para a formação do vínculo cognatício, qual seja, fundado na igualdade de sangue.[346]

Esse vínculo de sangue é considerado, ainda hoje, hegemônico[347] e continua sendo um dos elementos defi-

---

e o direito: aspectos médicos, religiosos, psicológicos, éticos e jurídicos. São Paulo: Revista dos Tribunais, 1995. p. 32).

[344] A propósito do tema da inseminação heteróloga e a inexistência de liame biológico entre o filho e o marido da mãe, ver o comentário de Heloisa Helena BARBOZA à decisão da Corte de Cassação Italiana nº 2315/99, intitulado "Desconhecimento da paternidade do filho havido por inseminação heteróloga consentida pelo marido", publicada na *Revista Trimestral de Direito Civil*, Rio de Janeiro, Padma, v. 1, p. 145-161, jan./mar. 2000.

[345] *Cf.* TEPEDINO, Gustavo. A Disciplina Jurídica..., *op. cit.*, p. 415. Continua o autor afirmando que "a verdade afetiva sobrepuja, nesta hipótese, a verdade biológica".

[346] Como bem lembra Rolf Madaleno, "se prevalece a dignidade da pessoa humana, sem a menor sombra de dúvida esse é, certamente, o espírito apreendido pela Constituição Federal, também tornou-se direito de toda a criança poder conhecer a sua origem, sua identidade biológica e civil, sua família de sangue". (MADALENO, Rolf. Direito de família: constituição e constatação. In: ——.*Novas perspectivas no Direito de Família*. Porto Alegre: Livraria do Advogado, 2000, p. 40).

[347] Tal hegemonia vem se propagando, inclusive, na formação dos elos socioafetivos. É o caso da adoção e da inseminação artificial heteróloga, que escapam ao presente estudo, mas merecem referência, porquanto serem espaços parentais nos quais é possível a realização do direito fundamental ao conhecimento da ascendência genética, ainda que não se atribua efeitos jurídicos, tais como a determinação da relação paterno-filial biológica, porquanto

nidores da qualificação jurídica da pessoa, do seu estado de filho, do *status* de cidadão,[348] no qual se apóia a investigação de paternidade, fortalecendo o direito fundamental à identidade pessoal, como conteúdo jurídico do princípio da dignidade da pessoa humana.

---

já existente, nem mesmo para a fixação do vínculo sucessório ou patrimonial de qualquer ordem. A propósito do tema, ver BRAUNER, Maria Cláudia Crespo. "A Monoparentalidade projetada e o direito do filho à biparentalidade", *Revista Estudos Jurídicos*, Unisinos, v. 31, n. 83, p. 152, set./dez. 1998; BARBAS, Stela Marcos de Almeida Neves. *Direito ao patrimônio genético*. Coimbra: Almedina, 1998. p. 172; Pietro PERLINGIERI, Pietro. *Perfis ...*, *op. cit.*, p. 176-177.
[348] Cf. BARBOZA, Heloísa Helena. *A filiação...*, *op. cit..*, p. 18.

Conclusão

Na ontologia do ser humano, o ato da procriação identifica uma forma de transmitir e eternizar as características físicas e psíquicas de uma determinada genealogia, originando-se da concepção o liame genético que une pais e filhos.

Por tais razões, é possível afirmar que todo ser humano possui, como elemento fundante, uma *identidade pessoal de caráter genético*, individual, singular, que o torna único enquanto portador das características herdadas de seus ancestrais.

Essa identidade pessoal é visualizada em duas dimensões: (i) de caráter absoluto ou individual, na qual cada ser humano tem uma identidade definida por si próprio, expressão do caráter único e irrepetível de cada um, o que o torna uma realidade singular; (ii) de caráter relativo ou relacional, revelando que cada ser humano tem sua identidade igualmente definida em função de uma memória familiar conferida pelos seus antepassados, podendo falar-se num direito à historicidade pessoal.

Aliada a Biologia ao fenômeno social, a ontologia do ser humano alcança o espaço da ambiência. Nela, o homem é esculpido pelas condições culturais, sociais, educacionais, dentre outros fatores, que na seqüência da vida deste ser desencadeiam mudanças estruturais, em uma história que necessariamente se realiza na congruência do ser e do meio em que vive. Quer-se dizer com isso que a ontologia humana é, também, social.

A agregação desses dois fenômenos – o biológico e o ambiental – estabelece a estrutura do ser humano global. Suas ações e reações são o produto de um estímulo circunstancial (ambiente) sobre sua estrutura individual (biológica).

Acima de tudo, porém, o ser humano contém um valor em si, primário, pelo fato de existir como tal. Esse dado axiológico atribui ao indivíduo o *status personae*, concedendo-lhe, em razão da condição de pessoa, um conjunto de direitos e deveres fundamentais, seja considerado o sujeito singularmente, seja inserido nas formações sociais em que constrói sua ambiência com os outros seres humanos.

Para o Direito da modernidade, a pessoa é uma categoria dotada de liberdade e de direitos subjetivos conferidos pela ordem jurídica e, portanto tais valores, pode ser *identificada* em toda gama de relações subjetivas em que esteja envolvida, assumindo, então, a sua identidade pessoal.

Seja no plano das Cartas e documentos internacionais voltados para a proteção dos direitos humanos, seja no plano do Direito nacional, o ordenamento jurídico da modernidade procurou dar conta da proteção da pessoa, erigido como valor central na construção axiológica do sistema jurídico.

Para tanto, as codificações européias do século XIX, que balizaram as linhas mestras do sistema jurídico brasileiro, consagrando a *summa diviso* público/privado, asseguravam, na esfera civil, a liberdade de contratar e a plena apropriação de bens e, no espaço do Direito Público, a doutrina dos direitos humanos encarregou-se de engendrar mecanismos de proteção ao cidadão em face do Estado.

Nessa imagem, é atribuída à pessoa a condição de sujeito de direito, categoria abstrata, neutra, conceitual, virtualmente livre para auto-regulamentar seus próprios interesses.

Tal sujeito de direito representa o ser humano, porém, não corresponde à pessoa que vive, sente e transita pelos dias da vida, como realidade concreta.

Na contemporaneidade, essa abstração cedeu espaço à concretude do ser natural, alavancado à condição de pessoa humana, portadora de valores pessoais, desejos e intenção de ser reconhecida em sua dignidade.

O novo perfil do Estado demandou a adoção de um novo paradigma, partindo, então, em busca da concretização do abstrato, mais especificamente, voltando-se para a proteção efetiva dos valores mais sensíveis e inatos da pessoa, vista sob o prisma de sua natureza e dignidade.

Nesse quadro axiológico, insere-se a repersonalização – significando a premência de inserir a pessoa não mais como ente virtual, mas como ser humano concreto, no topo da regulamentação jurídica.

Da inserção da pessoa concreta no centro da atenção do Direito Civil-Constitucional brasileiro, obtendo dele a tutela de direitos que lhe são imanentes e tendo como princípio vetor a dignidade humana, emerge uma nova garantia: *o direito à identidade pessoal.*

A identidade pessoal relaciona-se com as características do ser humano, manifestando-se, do ponto de vista genético, nas impressões digitais – marcas identitárias que tornam cada indivíduo único, consoante revelou a Engenharia Genética, por meio da pesquisa científica do DNA.

Na ótica jurídica, o primeiro elemento caracterizador da identidade pessoal é o direito ao nome, oriundo, basicamente, da relação paterno-filial.

Em sua dimensão relativa ou relacional, a identidade pessoal revela-se em um direito à historicidade pessoal, significando a história ou a memória em que se encontra inserida a pessoa, no confronto ou na co-relação com outras pessoas que lhe deram origem.

Esse chamamento pela origem revela o desdobramento crucial do direito à identidade pessoal: (i) o surgimento do direito fundamental à verdade histórica, que envolve o direito de cada pessoa conhecer a forma como foi gerado e (ii) o direito de conhecer a identidade dos seus progenitores, podendo-se falar na existência de um direito à biparentalidade biológica, ou no direito à filiação integral (o direito a um pai e a uma mãe).

Centrando a atenção no direito ao conhecimento da progenitura paterna, muito embora sua nascente seja a órbita do Direito de família, o tema da descoberta do *status* de filho alcançou, na contemporaneidade, emanações relevantes das quais, a mais expressiva, foi a consagração do direito à identidade pessoal destacado como direito fundamental, expresso em Textos Constitucionais e documentos internacionais.

No contexto brasileiro, o sistema jurídico revela-se, ainda, pouco efetivo como instrumento garantidor do direito ao conhecimento da ascendência genética paterna, muito embora a Constituição Federal de 1988 tenha consagrado o tratamento isonômico entre todas as categorias de filhos, e o ordenamento jurídico nacional tenha recepcionado a Convenção dos Direitos da Criança das Nações Unidas de 1989.

É que, no Brasil, o direito ao conhecimento da origem genética tem sido visualizado mais num caráter funcional do que personalista ou humanitário, sendo concebido como um direito subjetivo ordinário de alcançar o direito ao nome, de que decorre o bem-estar econômico, traduzido no direito a alimentos e à herança.

Adicione-se a tal fato a interpretação hermenêutica que acolhe a existência de óbices na ordem jurídica que impedem e/ou dificultam a busca da origem genética, tais como a legítima recusa do suposto pai em submeter-se ao exame pericial em DNA e a coisa julgada material nas investigações de paternidade.

Daí a proposta de um repensar, verdadeiro reformular, em nível nacional, o entendimento acerca do direito à revelação da ascendência genética paterna.

O conhecimento da origem biológica requer mais do sistema jurídico, e é assim que se prima por um *descender, com dignidade*, possibilitando ao filho o livre acesso aos dados de sua progenitura paterna.

Isso equivale a uma releitura do sistema jurídico brasileiro, visualizada na perspectiva do direito à identidade pessoal como um direito fundamental de cidadania, revelando um novo tempo.

Cabe ressaltar, no entanto, que a proposta de afastamento dos óbices existentes na interpretação das normas contidas no ordenamento jurídico, atuando no sentido de garantia da efetividade do direito à identidade pessoal, não significa pugnar pela exclusão do elo socioafetivo de filiação, mas sim, traduz a preocupação, neste âmbito, com a efetividade do princípio da dignidade da pessoa humana concreta, valor-guia de toda a ordem jurídica nacional.

Bibliografia

AGUILAR, Francisco Manuel Fonseca de. O princípio da dignidade da pessoa humana e a determinação da filiação em sede de procriação medicamente assistida. *Revista da Faculdade de Direito da Universidade de Lisboa*, Coimbra: Coimbra, v. 41, n. 2, p. 655-713, 2000.

AGUIRRE Y ALDAZ, Carlos M. *El derecho civil a finales del siglo XX*. Madrid: Tecnos, 1991.

ALEXY, Robert. *Teoria de los derechos fundamentales*. Madrid: Centro de Estudios Constitucionales, 1997.

——. Direitos fundamentais no Estado Constitucional democrático: para a relação entre direitos do homem, direitos fundamentais, democracia e jurisdição constitucional. Tradução de Luís Afonso Heck. *Revista de Direito Administrativo*, Rio de Janeiro: Renovar, v. 1, p. 74, jul./set. 1999.

ALMEIDA, Maria de Lourdes Rachid Vaz de. O DNA e a prova na ação de investigação de paternidade. In: WAMBIER, Teresa Arruda Alvim; LAZZARINI, Alexandre Alves (Coords.). *Repertório de jurisprudência e doutrina sobre direito de família*. São Paulo: Revista dos Tribunais, 1996. v. 3.

AMARAL, Francisco. Racionalidade e sistema no direito civil brasileiro. *Revista de Direito Civil, imobiliário, Agrário e Empresarial*, São Paulo, v. 17, n. 63, p. 45-56, jan./mar. 1993.

——. Transformação dos sistemas positivos. A descodificação do direito civil brasileiro. Separata de: *O Direito*, v. 129, p. 41, 1997.

——. *Direito civil*: introdução. 3. ed. Rio de Janeiro: Renovar, 2000.

——. A prova genética e os direitos humanos. In: LEITE, Eduardo de Oliveira (Coord.). *Grandes temas da atualidade*: DNA como meio de prova da filiação. Aspectos civis, constitucionais e penais. Rio de Janeiro: Forense, 2000.

ARRUDA, José Acácio; PARREIRA, Kleber Simônio. *A prova judicial de ADN*. Belo Horizonte: Del Rey, 2000.

AZEVEDO, Antonio Junqueira. Caracterização jurídica da dignidade da pessoa humana. *Revista Trimestral de Direito Civil*, Rio de Janeiro, Padma, v. 9, jan./mar. 2002.

BARATA, Alessandro. *Criminologia crítica e crítica do direito penal*: introdução à sociologia do direito penal. Tradução de Juarez Cirino dos Santos. Rio de Janeiro: Revan, 1997.

BARBAS, Stela Marcos de Almeida Neves. *Direito ao patrimônio genético*. Coimbra: Almedina, 1998.

BARBOZA, Heloisa Helena. *A filiação em face da inseminação artificial e da fertilização 'in vitro'*. Rio de Janeiro: Renovar, 1993.

——. Desconhecimento da paternidade do filho havido por inseminação heteróloga consentida pelo marido. Comentário à decisão da Corte de cassação italiana (sentença n. 2.315/99). *Revista Trimestral de Direito Civil*, Rio de Janeiro: Padma, v. 1, p. 145-161, jan./mar. 2000.

BARCELLONA, Pietro. *Formazione e sviluppo del diritto privato moderno*. Napoli: Jovene, 1993.

——. *Diritto privato e società moderna*. Napoli: Jovene, 1996.

BARROSO, Luís Roberto. Razoabilidade e isonomia no direito brasileiro. In: ——. *Temas de Direito Constitucional*. Rio de Janeiro: Renovar, 2001.

——. A segurança jurídica na era da velocidade e do pragmatismo. (reflexões sobre direito adquirido, ponderação de interesses, papel do Poder Judiciário e dos meios de comunicação). In: ——. *Temas de direito constitucional*. Rio de Janeiro: Renovar, 2001.

——. *Interpretação e aplicação da Constituição*. 3. ed. São Paulo: Saraiva, 1999.

BEBER, Jorge Luís Costa. Ação negatória de paternidade aforada por pai registral ou reconhecido judicialmente. *AJURIS*, Porto Alegre, n. 75, p. 202, jul., 1998.

BÉNABENT, Alain. *Droit civil*: la famille. Paris: Litec, 1982.

BOBBIO, Norberto. *El tiempo de los derechos*. Tradução R. de Asís Roig. Madrid: Sistema, 1991.

——. *Thomas Hobbes*. Rio de Janeiro: Campus, 1991.

——. *Il futuro della democrazia*: uma difesa delle regole del gioco. Milano: Rinaudi, 1994.

BOEIRA, José Bernardo Ramos. *Investigação de paternidade*: posse de estado de filho. Paternidade socioafetiva. Porto Alegre: Livraria do Advogado, 1999.

BRAUNER, Maria Cláudia Crespo. A Monoparentalidade projetada e o direito do filho à biparentalidade, *Revista Estudos Jurídicos*, Unisinos, v. 31, n. 83, p. 152, set./dez. 1998.

BRONOWSKI, J. *A escalada do homem*. Tradução de Núbio Negrão. São Paulo: Martins Fontes, 1979.

CAHALI, Yussef Said. Reconhecimento do filho extramatrimonial. In: LIVRO de Estudos Jurídicos. Rio de Janeiro: IEJ, 1996.

CANARIS, Claus-Wilhelm. *Pensamento sistemático e conceito de sistema na ciência do direito*. Tradução de Menezes Cordeiro. Lisboa: Fundação Calouste Gulbenkian, 1996.

CANOTILHO, José Joaquim Gomes. *Direito Constitucional e Teoria da Constituição*. 4. ed. Coimbra: Almedina, 1989.

——. *Curso de direito constitucional*. 6. ed. Coimbra: Almedina, 1995.

——; MOREIRA, Vital. *Constituição da República Portuguesa anotada*. Coimbra: Coimbra Ed., 1993.

CARVALHO, Orlando de. *Para uma teoria da relação jurídica civil*. I. A teoria geral da relação jurídica: seu sentido e limites. 2. ed. Coimbra: Centelha, 1981.

CATTANI, Aloysio Raphael *et al.* O nome e a investigação de paternidade: uma nova proposta interdisciplinar. *Caderno de estudos do Instituto Brasileiro de Estudos Interdisciplinares de direito de família*, São Paulo, n. 2, p. 19-39, 1998.

CHÊNE, Christian. História da codificação no direito francês. *Revista Trimestral de Direito Civil*, Rio de Janeiro, Padma, v. 2, p. 147, abr./jun. 2000.

CHIOVENDA, Giuseppe. *Instituições de direito processual civil*. 2. ed. Campinas: Bookseller, 2000.

CLÈVE, Clèmerson Merlin. *Temas de direito constitucional e de teoria do direito*. São Paulo: Acadêmica, 1993.

CODE Civil. Paris: Dalloz, 1999.
CÓDIGO Civil comparado. São Paulo: Saraiva, 2002.
CORDEIRO, Antonio Menezes. Introdução à edição portuguesa. In: CANARIS, Claus-Wilhelm. *Pensamento sistemático e conceito de sistema na ciência do direito*. 2. ed. Lisboa: Fundação Calouste Gulbenkian, 1996.
CORNU, Gerard. La filiation. *Archives de philosophie du droit*, Paris, t. 20, p. 34, 1975.
CORTIANO JR., Eroulths. *O discurso proprietário e suas rupturas*: prospectiva e perspectivas do ensino do direito de propriedade. 2001. Tese (Doutorado em Ciências Jurídicas) - Setor de Ciências Jurídicas da Universidade Federal do Paraná.
———. Alguns apontamentos sobre os chamados direitos da personalidade. In: FACHIN, Luiz Edson (Org.). *Repensando fundamentos do direito civil brasileiro contemporâneo*. Rio de Janeiro: Renovar, 1998.
COULANGES, Fustel de. *A cidade antiga*. Tradução de Fernando de Aguiar. São Paulo: Martins Fontes, 2000.
DANTAS, Heloysa. A afetividade e a construção do sujeito na psicogenética de Wallon. In: LA TAILLE, Yves de; OLIVEIRA, Marta Kohl de; DANTAS, Heloysa. *Piaget, Vygotsky, Wallon*: teorias psicogenéticas em discussão. São Paulo: Summus, 1992
DE CUPIS, Adriano. *I diritti della personalità*. Milano: Giuffrè, 1950.
DIAS, Jorge de Figueiredo; ANDRADE, Manuel da Costa. *Criminologia*: o homem delinqüente e a sociedade brasileira. Coimbra: Coimbra Ed., 1992.
DINAMARCO, Cândido Rangel. Relativizar a coisa julgada material. *Revista Forense*, Rio de Janeiro, n. 358, nov./dez. 2001
ENDERS, Christoph. Das Recht auf Kenntnis der eigenen Abstammung. *Neue Juristische Wochenschrift*, n. 14, abr. 1989.
FACHIN, Luiz Edson. *Estabelecimento da filiação e paternidade presumida*. Porto Alegre: Sérgio Fabris, 1992.
———. *Da paternidade*: relação biológica e afetiva. Belo Horizonte: Del Rey, 1996.
———. *Curso de Direito Civil*: elementos críticos do direito de família. Rio de Janeiro: Renovar, 1999.
———. Limites e possibilidades do ensino e da pesquisa jurídica: repensando paradigmas. *Revista Direito, Estado e Sociedade*, Rio de Janeiro, n. 15, p. 61-71, ago./dez. 1999.
———. *Teoria crítica do Direito Civil*. Rio de Janeiro: Renovar, 2000.
———. *Estatuto jurídico do patrimônio mínimo*. Rio de Janeiro: Renovar, 2001.
FARIAS, Edílson Pereira. *Colisão de direitos*: a honra, a intimidade, a vida privada e a imagem versus a liberdade de expressão e informação. Porto Alegre: Sérgio Fabris, 1996.
FAVARETTO, Isolde. *Comportamento processual das partes como meio de prova*. Porto Alegre: Acadêmica, 1993.
FAVOREU, Louis; PHILIP, Loïc. *Les grandes décisions du Conseil constitutionnel*. 8. ed. Paris: Dalloz, 1995.
FERRARA, Francesco. *Trattato di diritto civile italiano*. Roma: Athenaeum, 1921. v.1.
FINGER, Julio César. Constituição e direito privado: algumas notas sobre a chamada constitucionalização do direito civil. In: SARLET, Ingo Wolfgang (Org.). *A Constituição concretizada*: construindo pontes com o público e o privado. Porto Alegre: Livraria do Advogado, 2000.

FRANK, Rainer. L'examen biologique sous contrainte dans le cadre de l'établissement de la filiation en droit allemand. *Revue Internationale de droit comparé*, n. 4, out./dez 1995.

GEDIEL, José Antonio Peres. *Os transplantes de órgãos e a invenção moderna do corpo*. Curitiba: Moinho do Verbo, 2000.

GENOMA vira arma contra males do cérebro. Cientistas da USP procuram raízes genéticas de doenças neurológicas, como esquizofrenia, epilepsia e Alzheimer. *Folha de São Paulo*, São Paulo, p. A 16, 16 abr. 2002.

GOMES, Orlando. *Raízes históricas e sociológicas do código civil brasileiro*. Salvador: Livraria Progresso, 1958.

——. *Introdução ao Direito Civil*. 12. ed. Rio de Janeiro: Forense, 1996.

GERRA FILHO, Willis Santiago. Princípio da proporcionalidade e teoria do direito. In: GRAU, Eros Roberto; GUERRA FILHO, Willis Santiago (Orgs.). *Direito Constitucional*: estudos em homenagem a Paulo Bonavides. São Paulo: Malheiros, 2001.

GUIDETTI, M.; LALLEMAND, S.; MOREL, M. F. *Enfances d'ailleurs, d'hier et d'aujour'hui*. Paris: Armand Colin, 1997.

GUSTIN, Miracy B.S. *Das necessidades humanas aos direitos*: ensaio de sociologia e filosofia do direito. Belo Horizonte: Del Rey, 1999.

JAYME, Erik. Visões para uma teoria pós-moderna do direito comparado. *Revista dos Tribunais*, São Paulo, v. 759, p. 24-40, jan. 1999.

JOBIM, Luiz Fernando; JOBIM, Maria Regina; BRENNER, Charles. Identificação humana pelo DNA: investigação de paternidade e análise de casos forenses. In: TOCHETTO, Domingos (Org.) *Identificação humana*. Porto Alegre: Sagra Luzzatto, 1999.

KANT, Immanuel. *Fundamentação da metafísica dos costumes*. Tradução de Paulo Quintela. Porto: Porto Ed., 1995.

KELLER, Evelyn Fox. *O século do gene*. Belo Horizonte: Crisálida, 2002.

LABRUSSE-RIOU, Catherine. *Droit de la famille*. Paris: Masson, 1984. v. 1

LARENZ, Karl. *Derecho justo*: fundamentos de ética jurídica. Tradução de Luis Díez-Picazo. Madrid: Civitas, 1993.

LEITE, Eduardo de Oliveira. *Procriações artificiais e o direito*: aspectos médicos, religiosos, psicológicos, éticos e jurídicos. São Paulo: Revista dos Tribunais, 1995.

——. O exame de DNA: reflexões sobre a prova científica da filiação. In: WAMBIER, Teresa Arruda Alvim; LEITE, Eduardo de Oliveira (Coords.). *Repertório de doutrina sobre direito de família*. Aspectos constitucionais, civis e processuais. São Paulo: Revista dos Tribunais, 1999.

LÉVI-STRAUSS, Claude. *As estruturas elementares do parentesco*. Petrópolis: Vozes, 1982.

LIEBMAN, Enrico Túlio. *Eficácia e autoridade da sentença*. Tradução de Alfredo Buzaid e Benvindo Aires. Rio de Janeiro: Forense, 1945.

LIMA, Paulo Roberto de Oliveira. *Contribuição à teoria da coisa julgada*. São Paulo: Revista dos Tribunais, 1997.

LÔBO, Paulo Luiz Netto. Direito civil alternativo. In: CHAGAS, Silvio Donizete (Org.). *Lições de Direito Civil alternativo*. São Paulo: Acadêmica, 1994.

——. O exame de DNA e o princípio da dignidade da pessoa humana. *Revista brasileira de direito de família*, Porto Alegre, Síntese, n. 1, p. 73, abr./ jun. 1999.

LORENZETTI, Ricardo Luis. *Fundamentos do direito privado*. São Paulo: Revista dos Tribunais, 1998.

LOUREIRO, João Carlos Gonçalves. O direito à identidade genética do ser humano. *Boletim da Faculdade de Direito da Universidade de Coimbra*. Coimbra: Coimbra, n. 40, p. 263-389, 1999.

LUDWIG, Marcos de Campos. O direito ao livre desenvolvimento da personalidade na Alemanha e possibilidades de sua aplicação no direito privado brasileiro. In: MARTINS-COSTA, Judith. *A reconstrução do direito privado*. São Paulo: Revista dos Tribunais, 2002. p. 286-287.

MADALENO, Rolf. O dano moral na investigação de paternidade. In: _____. Direito de Família: aspectos polêmicos. Porto Alegre: Livraria do Advogado, 1998.

_____. Direito de família: constituição e constatação. In: _____. *Novas perspectivas no Direito de família*. Porto Alegre: Livraria do Advogado, 2000.

_____. A sacralização da presunção na investigação de paternidade. In: _____. *Novas perspectivas no direito de família*. Porto Alegre: Livraria do Advogado, 2000.

MAGRI, Berenice Soubhie Nogueira. *Ação anulatória*. São Paulo: Revista dos Tribunais, 1999.

MARLET, José Maria. Valorização das provas de investigação de paternidade. *Revista dos Tribunais*, São Paulo, n. 569, p. 248, mar. 1983.

MARQUES, Cláudia Lima. Visões sobre o teste de paternidade através do exame do DNA em direito brasileiro – direito pós-moderno à descoberta da origem? In: LEITE, Eduardo de Oliveira (Coord.). *Grandes temas da atualidade*: DNA como meio de prova da filiação. Aspectos constitucionais, civis e penais. Rio de Janeiro: Forense, 2000.

MARTINEZ PISÓN, José. *Derechos humanos*: historia, fundamento y realidad. Zaragoza: Egido, 1997.

MARTINS-COSTA, Judith. *A boa-fé no direito privado*. São Paulo: Revista dos Tribunais, 1999.

MATURANA, Humberto R.; VARELA, Francisco G. *A árvore do conhecimento*. Tradução de Jonas Pereira dos Santos. Campina: Editorial Psy II, 1995.

MEIRELLES, Jussara. O ser e o ter na codificação civil brasileira: do sujeito virtual à clausura patrimonial. In: FACHIN, Luiz Edson. *Repensando fundamentos do direito civil brasileiro contemporâneo*. Rio de Janeiro: Renovar, 1998.

_____. *Gestação por outrem e determinação da maternidade*: 'mãe de aluguel'. Curitiba: Gênesis, 1998.

MENDES, Gilmar Ferreira. *Jurisdição constitucional*: o controle abstrato de normas no Brasil e na Alemanha. São Paulo: Saraiva, 1996.

MENDES, José Manuel Oliveira. O desafio das identidades. In: SANTOS, Boaventura de Sousa. (Org.) *A globalização e as ciências sociais*. São Paulo: Cortez, 2002.

MEULDERS-KLEIN, Marie-Thérèse. La réforme du droit de la filiation en Belgique: analyse du projet n. 305. *Revue Trimestrielle de Droit Familial*, Bruxeles, n. 1, p. 5-72, 1979.

MIAILLE, Michel. *Introdução crítica ao direito*.2. ed. Lisboa: Estampa, 1989.

MIRANDA, Jorge. Direitos fundamentais na ordem constitucional portuguesa. *Revista de Direito Público*, São Paulo, n. 82, p. 5-27, abr./jun. 1987.

MORAES, Maria Celina Bodin. O direito personalíssimo à filiação e a recusa ao exame de DNA: uma hipótese de colisão de direitos fundamentais. In: LEITE, Eduardo de Oliveira (Coord.). *Grandes temas da atualidade*: DNA como meio de prova da filiação. Aspectos constitucionais, civis e penais. Rio de Janeiro: Forense, 2000.

MORAES, Walter. Concepção tomista de pessoa. *Revista dos Tribunais*, São Paulo, v. 540, p. 14-24, out. 1980.

MOURA, Mário Aguiar. *Tratado prático da filiação*: filiação legítima e ilegítima. 2. ed. Rio de Janeiro: AIDE, 1984.

Neue Juristische Wochenschrift, n. 14, abr. 1989.

NOGUEIRA, Jacqueline Filgueras. *A filiação que se constrói*: o reconhecimento do afeto como valor jurídico. São Paulo: Memória Jurídica, 2001.

OLIVEIRA, Guilherme de. *Critério jurídico da paternidade*. Coimbra, 1983, Tese (Doutorado), Faculdade de Direito de Coimbra.

———. *Estabelecimento da filiação*: notas aos artigos 1796 a 1873 do Código Civil. 4. ed. Coimbra: Almedina, 1997.

OLIVEIRA, José Lamartine Corrêa de; MUNIZ, Francisco José Ferreira. *Direito de família*: direito matrimonial. Porto Alegre: Sérgio Fabris, 1990.

OTERO, Paulo. *Personalidade e identidade pessoal e genética do ser humano*: um perfil constitucional da bioética. Coimbra: Almedina, 1999.

PAROLIN, Isabel Cristina Hierro. O sim e o não na construção da pessoa. In: FÓRUM EDUCACIONAL PERNALONGA, 1., 2000, Curitiba. *Trabalho apresentado no...* Curitiba: PUCPR, 2000.

PENA, Sérgio Danilo. Determinação de paternidade pelo estudo direto do DNA: estado da arte no Brasil. In: TEIXEIRA, Sálvio de Figueiredo. (Org.) *Direitos de família e do menor*. Belo Horizonte: Del Rey, 1993.

———. Engenharia genética – DNA: a testemunha mais confiável em determinação de paternidade. In Repensando o direito de família. In: CONGRESSO BRASILEIRO DE DIREITO DE FAMÍLIA, 1., 1999, Belo Horizonte. *Anais do...* Belo Horizonte: Del Rey, 1999. p. 343-352.

PEREIRA, Caio Mário da Silva. *Instituições de direito civil*: direito de família. 3. ed. Rio de Janeiro: Forense, 1972.

———. *Reconhecimento de paternidade e seus efeitos*. 5ed. Rio de Janeiro: Forense, 1997.

PEREIRA, Sérgio Gischkow. Tendências modernas do Direito de Família. *Revista dos Tribunais*, São Paulo, n. 628, p. 19, fev. 1988.

———. Concubinato: união estável. In: CONGRESSO BRASILEIRO DE DIREITO DE FAMÍLIA, 1., 1997, Belo Horizonte. *Anais*. Belo Horizonte: Del Rey, 1998.

———. Algumas considerações sobre a nova adoção. *Revista dos Tribunais*, São Paulo, v. 682, p. 62-70, ago.,1992.

PERLINGIERI, Pietro. *La personalità umana nell'ordinamento giuridico*. Napoli: Esi, 1972.

———. *Perfis do direito civil*: introdução ao direito civil-constitucional. Tradução de Maria Cristina De Cicco. Rio de Janeiro: Renovar, 1999.

PINTO, Paulo Mota. O direito ao livre desenvolvimento da personalidade. *Boletim da Faculdade de Direito da Universidade de Coimbra*. Coimbra: Coimbra, n. 40, p. 149-246, 1999.

PIOVESAN, Flávia. *Direitos humanos e o direito constitucional internacional*. São Paulo: Max Limonad, 2002.

RAMOS, Carmem Lucia Silveira. *A paternidade fora do casamento*: análise e crítica do estatuto vigente no Brasil. Curitiba, 1987. p. 78. Dissertação (Mestrado) – Curso de Pós-Graduação em Direito do Setor de Ciências Jurídicas da Universidade Federal do Paraná.

———. A constitucionalização do direito privado e a sociedade sem fronteiras. In: FACHIN, Luiz Edson. *Repensando fundamentos do direito civil brasileiro contemporâneo*. Rio de Janeiro: Renovar, 1998.

RASKIN, Salmo. *Manual prático do DNA para investigação de paternidade*. Curitiba: Juruá, 1999.

RECA, Telma. *Personalidad y conducta del niño*. Buenos Aires: El Ateneo, 1969.

RIBEIRO, Renato Janine. A família na travessia do milênio. In: CONGRESSO BRASILEIRO DE DIREITO DE FAMÍLIA, 2., 1999, Belo Horizonte. *Conferência de abertura*.

RICOEUR, Paul. *Soi-même comme un autre*. Paris: Seuil, 1990.

RODRIGUES, Álvaro da Cunha Gomes. Alguns aspectos da filiação nos ordenamentos jurídicos português e brasileiro. In: TEIXEIRA, Sálvio de Figueiredo (Coord.). *Direitos de família e do menor*. Belo Horizonte: Del Rey, 1993.

ROMESIN, Humberto Maturana. *Da biologia à psicologia*. Porto Alegre: Artes Médicas, 1998.

ROSPIGLIOSI, Enrique Varsi. *Derecho genético*: principios generales. 3. ed. Peru: San Marcos, 1998.

RUMJANEK, Franklin David. *DNA*: identidade e paternidade. Rio de Janeiro: Espaço Jurídico, 1997.

SALDANHA, Nelson. *Formação da teoria constitucional*. Rio de Janeiro: Forense, 1983.

SANTOS, Moacyr Amaral Santos. *Prova judiciária no cível e comercial*. 3. ed. São Paulo: Max Limonad, 1968.

SARLET, Ingo Wolfgang. (Org.) Direitos fundamentais e direito privado: algumas considerações em torno da vinculação dos particulares aos direitos fundamentais. In: ———. *A Constituição concretizada*: construindo pontes com o público e o privado. Porto Alegre: Livraria do Advogado, 2000.

———. *Dignidade da pessoa humana e direitos fundamentais na Constituição Federal de 1988*. Porto Alegre: Livraria do Advogado, 2001.

SAUWEN, Regina Fiuza; HRYNIEWICZ, Severo. *O direito 'in vitro' da Bioética ao Biodireito*. Rio de Janeiro: Lumen Juris, 1997.

SCHETTINI FILHO, Luiz. *Compreendendo o filho adotivo*. Recife: Bagaço, 1998.

———. *Compreendendo os pais adotivos*. Recife: Bagaço, 1998.

SCHIER, Paulo Ricardo. *Filtragem constitucional*: construindo uma nova dogmática jurídica. Porto Alegre: Sérgio Fabris, 1999.

SCHLÜTER, Wilfried. *Código Civil alemão*: direito de família. Porto Alegre: Sérgio Fabris, 2002.

SÈVE, Lucien. *Para uma crítica da razão bioética*. Lisboa: Instituto Piaget, 1997.

SGRECCIA, Elio. *Manual de bioética*. I - Fundamentos e ética biomédica. Tradução de Orlando Soares Moreira. São Paulo: Loyola, 1998.

SILVA, José Afonso da. A dignidade da pessoa humana como valor supremo da democracia. *Revista de Direito Administrativo*, Rio de Janeiro, v. 212, 1998.

SILVA, Ovídio A. Baptista da. *Curso de processo civil*. 2. ed. Porto Alegre: Sérgio Fabris, 1991. v. 1

———. *Jurisdição e execução na tradição romano canônica*. 2. ed. São Paulo: Revista dos Tribunais, 1997.

SILVA, Reinaldo Pereira e. Ascendência biológica e descendência afetiva: indagações biojurídicas sobre a ação de investigação de paternidade. In:

SILVA, Reinaldo Pereira e; AZEVEDO, Jackson Chaves (Coords.). *Direitos da Família uma abordagem interdisciplinar*. São Paulo: LTr, São Paulo, 1999.

SPITZ, René A. *O primeiro ano de vida*: um estudo psicanalítico do desenvolvimento normal e anômalo das relações objetais. Tradução de Erothildes Millan Barros da Rocha. São Paulo: Martins Fontes, 1979.

SZANIAWSKI, Elimar. *Direitos de personalidade e sua tutela*. São Paulo: Revista dos Tribunais, 1993.

TARUFFO, Michele. *Senso comum, experiência e ciência no raciocínio do juiz*. Tradução de Cândido Rangel Dinamarco. Curitiba: IBEJ, 2001.

TEPEDINO, Gustavo. Direitos humanos e relações jurídicas privadas. In: ———. *Temas de direito civil*. Rio de Janeiro: Renovar, 1999.

———. A disciplina jurídica da filiação na perspectiva civil-constitucional. In: _____. *Temas de Direito Civil*. Rio de Janeiro: Renovar, 1999.

———. A tutela da personalidade no ordenamento civil-constitucional brasileiro. In: ———. *Temas de direito civil*. Rio de Janeiro: Renovar, 1999.

———. Novas formas de entidades familiares: efeitos do casamento e da família não fundada no matrimônio. In: ———. *Temas de Direito Civil*. Rio de Janeiro: Renovar, 1999.

———. Premissas metodológicas para a constitucionalização do direito civil. In: ———. *Temas de Direito Civil*. Rio de Janeiro: Renovar, 1999.

———. Do sujeito de direito à pessoa humana. *Revista Trimestral de Direito Civil*, Rio de Janeiro: Padma, v. 2, p. 6, abr./jun. 2000.

TRACHTENBERG, Anete. O poder e as limitações dos testes sangüíneos na determinação de paternidade. *AJURIS*, n. 63, p. 324, mar., 1995.

TRIMARCHI, Pietro. *Istituzioni di diritto privato*. 6. ed. Milano: Giuffrè, 1983.

VARELLA, Drauzio. *Folha de São Paulo*, 1 jun 2002, p. E 10.

VILLELA, João Batista. Desbiologização da paternidade. *Revista da Faculdade de Direito da Universidade Federal de Minas Gerais*, n. 21, maio, 1979.

———. O cinto de castidade do século XXI. *Boletim Informativo do Instituto Brasileiro de Direito de Família*, n. 11, ano 2, p. 4, set./out. 2001.

VILLEY, Michel. *Do direito romano*. Porto: Rés-Editora, 1991.

WAHLENDORF, H. A. Schwarz-Liebermann von. *Mariage et famille en question*: l'évolution du droit allemand. Paris: CNRS, 1980.

WEBER, Lídia Natalia Dobrianskyj. *Laços de ternura*: pesquisas e histórias de adoção. 2.ed. Curitiba: Juruá, 1999.

WELLS, Brian W.P. *Personalidade e hereditariedade*: uma introdução à psicogenética. Rio de Janeiro: Zahar, 1980.

WELTER, Belmiro Pedro. Relativização do princípio da dignidade da pessoa humana na condução coercitiva do investigado na produção do exame genético em DNA. *Revista brasileira de direito de família*, Porto Alegre: Síntese, n. 12, p. 20, jan./mar. 2002.

WIEACKER, Franz. *História do direito privado moderno*. Lisboa: Calouste Gulbenkian, 1967.

YOSHIDA, Luzia Aparecida Martins. *As repercussões da ausência paterna sobre a construção da identidade do adolescente*. 2001. Tese (Doutorado em Ciências Médicas) - Universidade Estadual de Campinas.